this book belongs to:

D1712803

DATE: TIME: LOCATION: GAME:

TEAM:										
CAP	NAME:	ATT	FOULS	GOALS BY PEROD						
				IST	2ND	3RD	4TH	OT1	OT2	OT3
1										
2										
3										
4										
5										
6										
7										
8										
9										
10										
11										
12										
13										
14										
15										
16										
17										
18										

TEAM:										
CAP	NAME:	ATT	FOULS	GOALS BY PEROD						
				IST	2ND	3RD	4TH	OT1	OT2	OT3
1										
2										
3										
4										
5										
6										
7										
8										
9										
10										
11										
12										
13										
14										
15										
16										
17										
18										

TIME	CAP	TEAM	REMARKS	W-D

TIME	CAP	TEAM	REMARKS	W-D

TIME	CAP	TEAM	REMARKS	W-D

TIME	CAP	TEAM	REMARKS	W-D

RESULT	W	D
1ST		
2ND		
3RD		
4TH		
OT1		
OT2		
OT3		
TOTAL		

REFEREE 1 (PRINT)

REFEREE 1 (STGNATURE)

REFEREE 2 (PRINT)

REFEREE 2 (STGNATURE)

this book belongs to:

D1712803

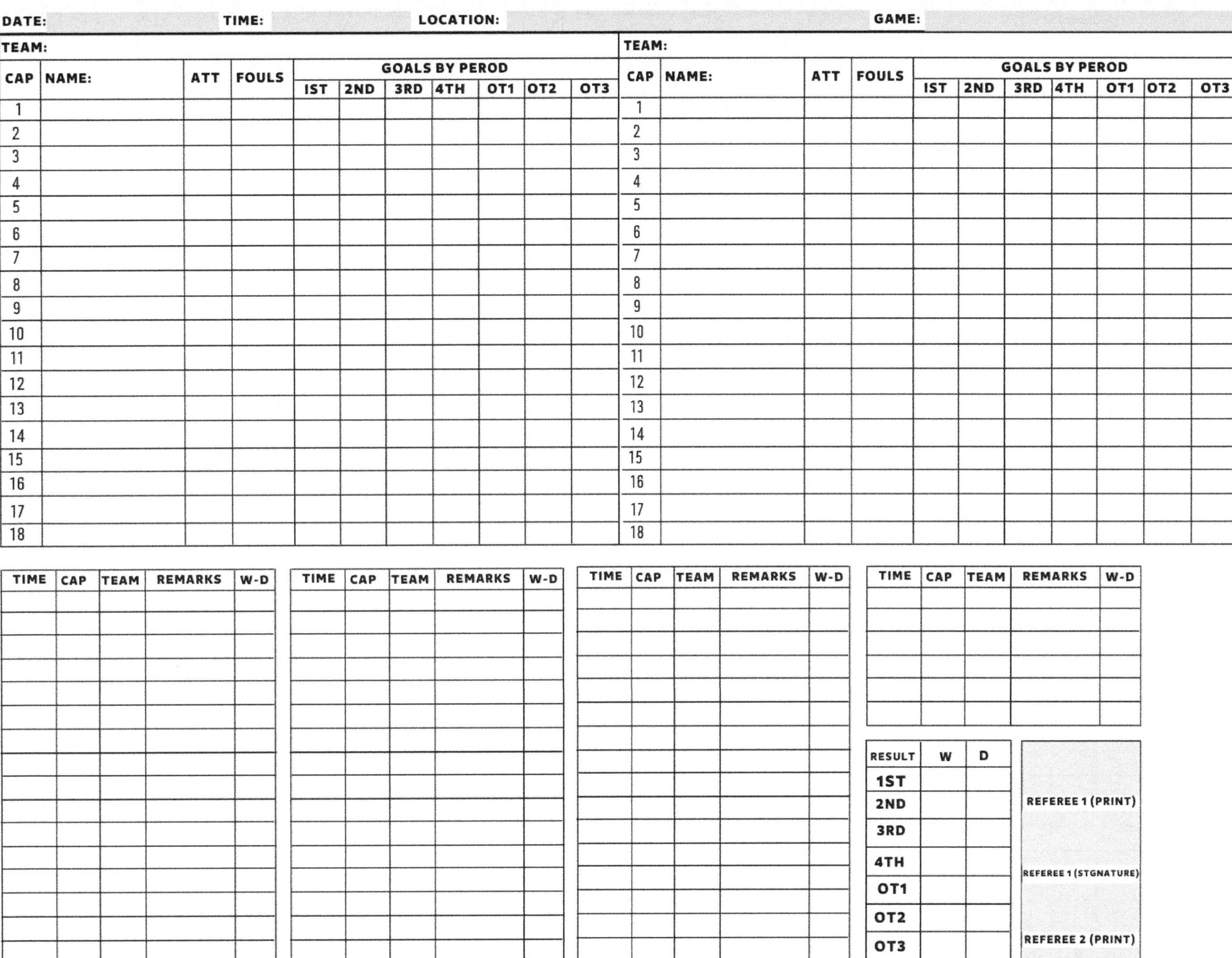

DATE: TIME: LOCATION: GAME:

TEAM:

CAP	NAME:	ATT	FOULS	GOALS BY PEROD						
				IST	2ND	3RD	4TH	OT1	OT2	OT3
1										
2										
3										
4										
5										
6										
7										
8										
9										
10										
11										
12										
13										
14										
15										
16										
17										
18										

TEAM:

CAP	NAME:	ATT	FOULS	GOALS BY PEROD						
				IST	2ND	3RD	4TH	OT1	OT2	OT3
1										
2										
3										
4										
5										
6										
7										
8										
9										
10										
11										
12										
13										
14										
15										
16										
17										
18										

TIME	CAP	TEAM	REMARKS	W-D

TIME	CAP	TEAM	REMARKS	W-D

TIME	CAP	TEAM	REMARKS	W-D

TIME	CAP	TEAM	REMARKS	W-D

RESULT	W	D
1ST		
2ND		
3RD		
4TH		
OT1		
OT2		
OT3		
TOTAL		

REFEREE 1 (PRINT)

REFEREE 1 (STGNATURE)

REFEREE 2 (PRINT)

REFEREE 2 (STGNATURE)

DATE: TIME: LOCATION: GAME:

TEAM:

CAP	NAME:	ATT	FOULS	GOALS BY PEROD						
				IST	2ND	3RD	4TH	OT1	OT2	OT3
1										
2										
3										
4										
5										
6										
7										
8										
9										
10										
11										
12										
13										
14										
15										
16										
17										
18										

TEAM:

CAP	NAME:	ATT	FOULS	GOALS BY PEROD						
				IST	2ND	3RD	4TH	OT1	OT2	OT3
1										
2										
3										
4										
5										
6										
7										
8										
9										
10										
11										
12										
13										
14										
15										
16										
17										
18										

TIME	CAP	TEAM	REMARKS	W-D

TIME	CAP	TEAM	REMARKS	W-D

TIME	CAP	TEAM	REMARKS	W-D

TIME	CAP	TEAM	REMARKS	W-D

RESULT	W	D
1ST		
2ND		
3RD		
4TH		
OT1		
OT2		
OT3		
TOTAL		

REFEREE 1 (PRINT)

REFEREE 1 (STGNATURE)

REFEREE 2 (PRINT)

REFEREE 2
(STGNATURE)

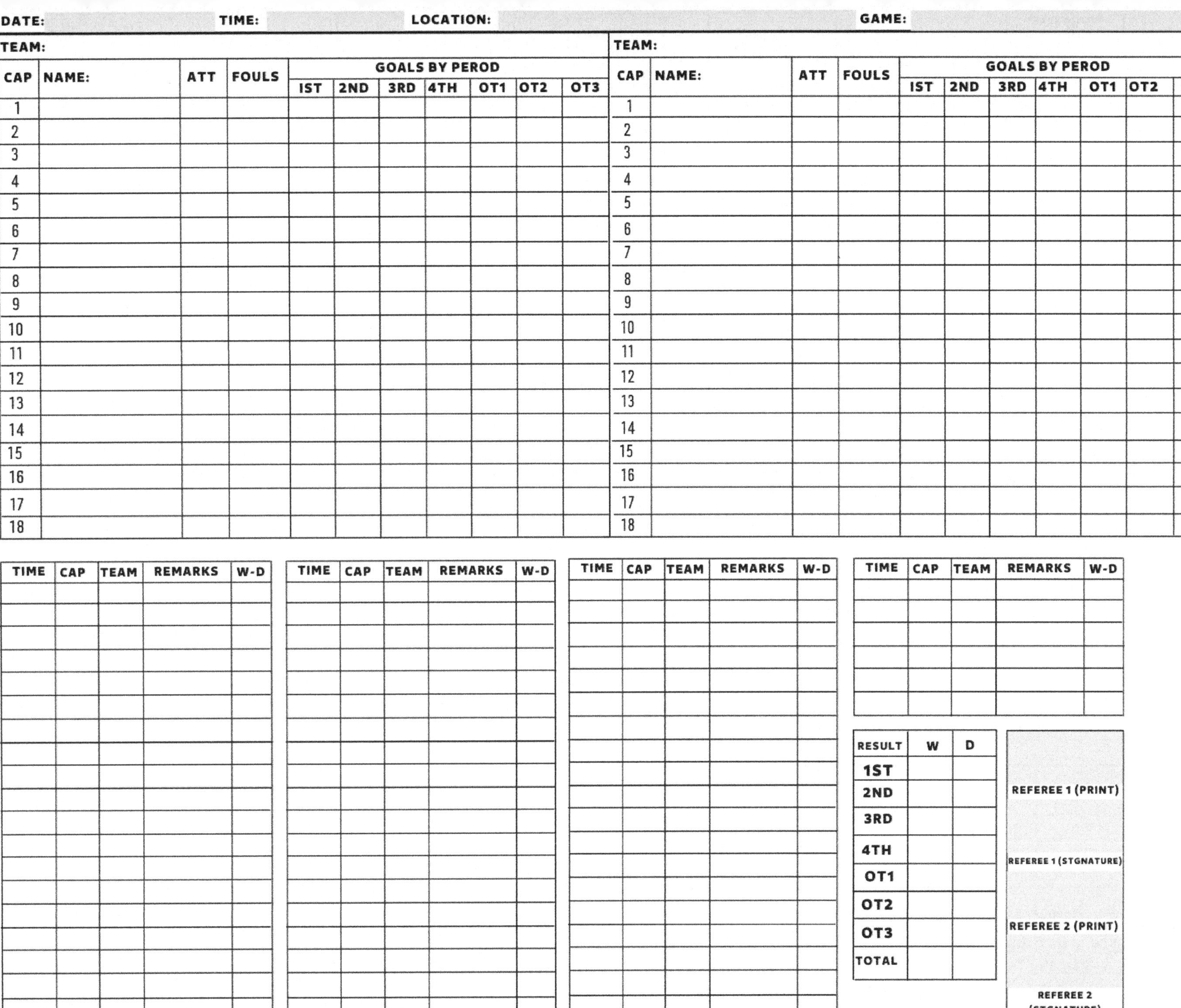

DATE: TIME: LOCATION: GAME:

TEAM:

CAP	NAME:	ATT	FOULS	GOALS BY PEROD						
				IST	2ND	3RD	4TH	OT1	OT2	OT3
1										
2										
3										
4										
5										
6										
7										
8										
9										
10										
11										
12										
13										
14										
15										
16										
17										
18										

TEAM:

CAP	NAME:	ATT	FOULS	GOALS BY PEROD						
				IST	2ND	3RD	4TH	OT1	OT2	OT3
1										
2										
3										
4										
5										
6										
7										
8										
9										
10										
11										
12										
13										
14										
15										
16										
17										
18										

TIME	CAP	TEAM	REMARKS	W-D

TIME	CAP	TEAM	REMARKS	W-D

TIME	CAP	TEAM	REMARKS	W-D

TIME	CAP	TEAM	REMARKS	W-D

RESULT	W	D
1ST		
2ND		
3RD		
4TH		
OT1		
OT2		
OT3		
TOTAL		

REFEREE 1 (PRINT)

REFEREE 1 (STGNATURE)

REFEREE 2 (PRINT)

REFEREE 2 (STGNATURE)

DATE: TIME: LOCATION: GAME:

TEAM:										
CAP	NAME:	ATT	FOULS	GOALS BY PEROD						
				IST	2ND	3RD	4TH	OT1	OT2	OT3
1										
2										
3										
4										
5										
6										
7										
8										
9										
10										
11										
12										
13										
14										
15										
16										
17										
18										

TEAM:										
CAP	NAME:	ATT	FOULS	GOALS BY PEROD						
				IST	2ND	3RD	4TH	OT1	OT2	OT3
1										
2										
3										
4										
5										
6										
7										
8										
9										
10										
11										
12										
13										
14										
15										
16										
17										
18										

TIME	CAP	TEAM	REMARKS	W-D

TIME	CAP	TEAM	REMARKS	W-D

TIME	CAP	TEAM	REMARKS	W-D

TIME	CAP	TEAM	REMARKS	W-D

RESULT	W	D
1ST		
2ND		
3RD		
4TH		
OT1		
OT2		
OT3		
TOTAL		

REFEREE 1 (PRINT)

REFEREE 1 (STGNATURE)

REFEREE 2 (PRINT)

REFEREE 2 (STGNATURE)

DATE: TIME: LOCATION: GAME:

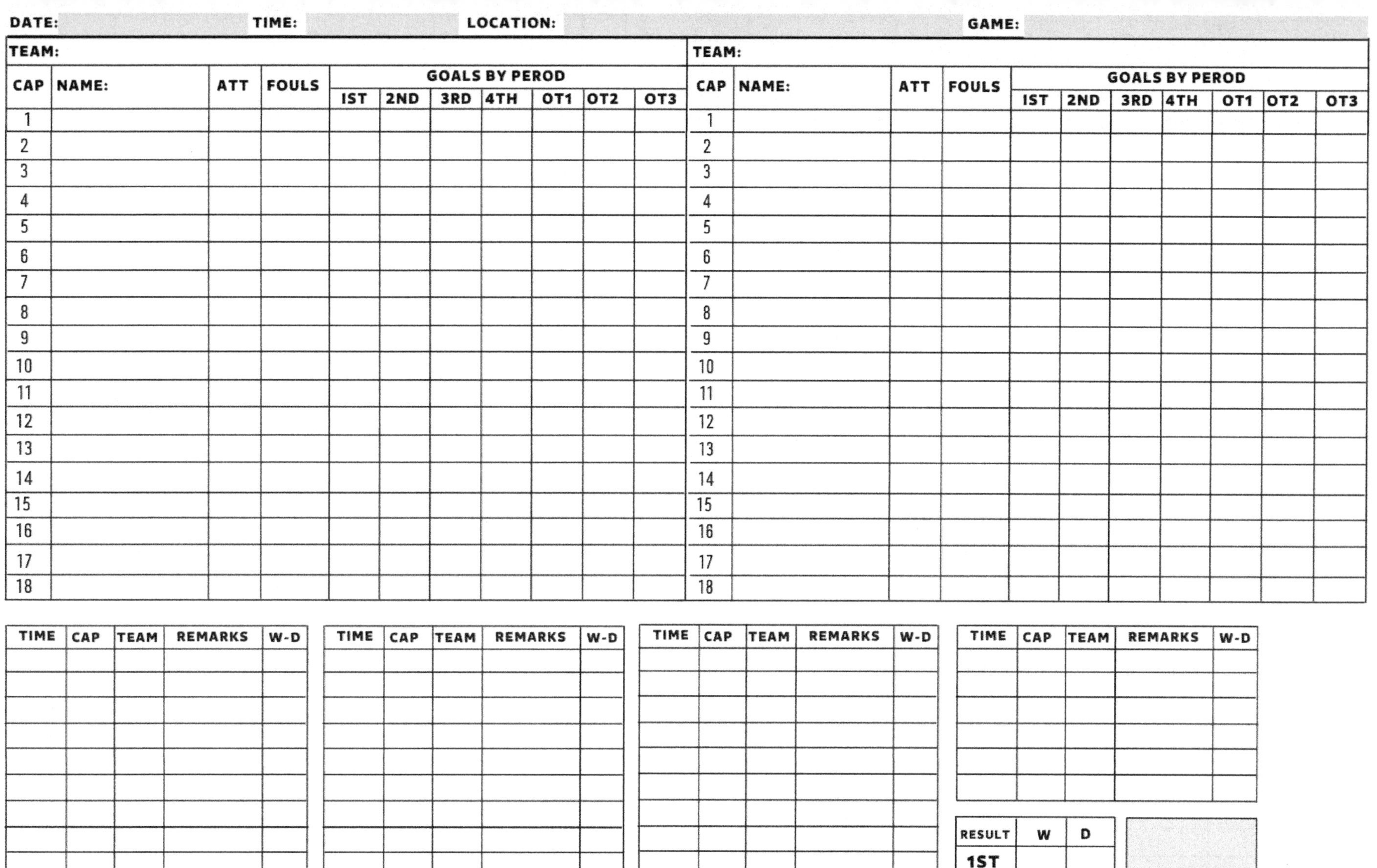

TEAM:										
CAP	NAME:	ATT	FOULS	GOALS BY PEROD						
				IST	2ND	3RD	4TH	OT1	OT2	OT3
1										
2										
3										
4										
5										
6										
7										
8										
9										
10										
11										
12										
13										
14										
15										
16										
17										
18										

TEAM:										
CAP	NAME:	ATT	FOULS	GOALS BY PEROD						
				IST	2ND	3RD	4TH	OT1	OT2	OT3
1										
2										
3										
4										
5										
6										
7										
8										
9										
10										
11										
12										
13										
14										
15										
16										
17										
18										

TIME	CAP	TEAM	REMARKS	W-D

TIME	CAP	TEAM	REMARKS	W-D

TIME	CAP	TEAM	REMARKS	W-D

TIME	CAP	TEAM	REMARKS	W-D

RESULT	W	D
1ST		
2ND		
3RD		
4TH		
OT1		
OT2		
OT3		
TOTAL		

REFEREE 1 (PRINT)

REFEREE 1 (STGNATURE)

REFEREE 2 (PRINT)

REFEREE 2 (STGNATURE)

DATE: TIME: LOCATION: GAME:

TEAM:

CAP	NAME:	ATT	FOULS	GOALS BY PEROD						
				IST	2ND	3RD	4TH	OT1	OT2	OT3
1										
2										
3										
4										
5										
6										
7										
8										
9										
10										
11										
12										
13										
14										
15										
16										
17										
18										

TEAM:

CAP	NAME:	ATT	FOULS	GOALS BY PEROD						
				IST	2ND	3RD	4TH	OT1	OT2	OT3
1										
2										
3										
4										
5										
6										
7										
8										
9										
10										
11										
12										
13										
14										
15										
16										
17										
18										

TIME	CAP	TEAM	REMARKS	W-D

TIME	CAP	TEAM	REMARKS	W-D

TIME	CAP	TEAM	REMARKS	W-D

TIME	CAP	TEAM	REMARKS	W-D

RESULT	W	D
1ST		
2ND		
3RD		
4TH		
OT1		
OT2		
OT3		
TOTAL		

REFEREE 1 (PRINT)

REFEREE 1 (STGNATURE)

REFEREE 2 (PRINT)

REFEREE 2 (STGNATURE)

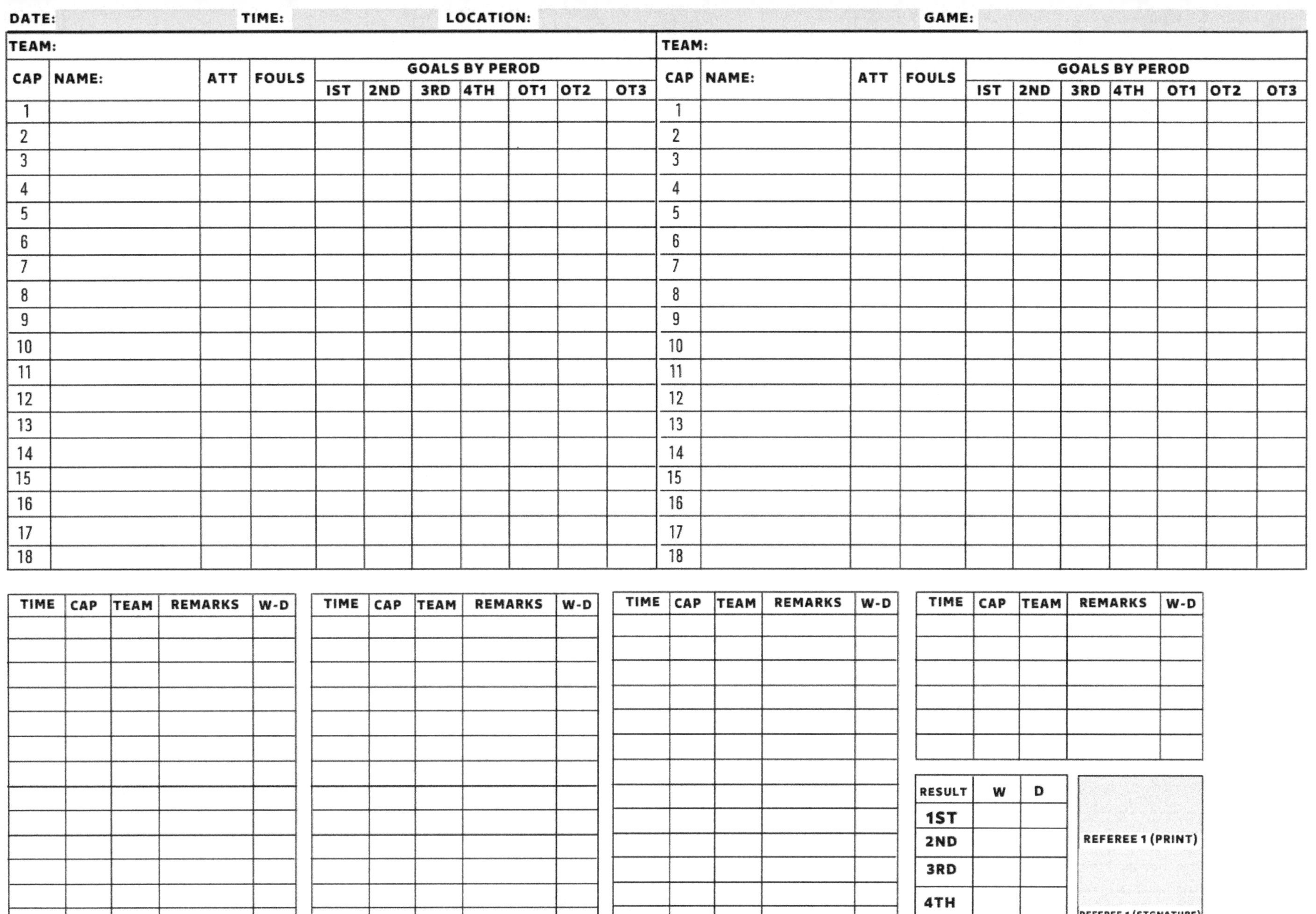

DATE: TIME: LOCATION: GAME:

TEAM:

CAP	NAME:	ATT	FOULS	GOALS BY PEROD						
				IST	2ND	3RD	4TH	OT1	OT2	OT3
1										
2										
3										
4										
5										
6										
7										
8										
9										
10										
11										
12										
13										
14										
15										
16										
17										
18										

TEAM:

CAP	NAME:	ATT	FOULS	GOALS BY PEROD						
				IST	2ND	3RD	4TH	OT1	OT2	OT3
1										
2										
3										
4										
5										
6										
7										
8										
9										
10										
11										
12										
13										
14										
15										
16										
17										
18										

TIME	CAP	TEAM	REMARKS	W-D

TIME	CAP	TEAM	REMARKS	W-D

TIME	CAP	TEAM	REMARKS	W-D

TIME	CAP	TEAM	REMARKS	W-D

RESULT	W	D
1ST		
2ND		
3RD		
4TH		
OT1		
OT2		
OT3		
TOTAL		

REFEREE 1 (PRINT)

REFEREE 1 (STGNATURE)

REFEREE 2 (PRINT)

REFEREE 2 (STGNATURE)

DATE: | TIME: | LOCATION: | GAME:

TEAM:

CAP	NAME:	ATT	FOULS	GOALS BY PEROD						
				IST	2ND	3RD	4TH	OT1	OT2	OT3
1										
2										
3										
4										
5										
6										
7										
8										
9										
10										
11										
12										
13										
14										
15										
16										
17										
18										

TEAM:

CAP	NAME:	ATT	FOULS	GOALS BY PEROD						
				IST	2ND	3RD	4TH	OT1	OT2	OT3
1										
2										
3										
4										
5										
6										
7										
8										
9										
10										
11										
12										
13										
14										
15										
16										
17										
18										

TIME	CAP	TEAM	REMARKS	W-D

TIME	CAP	TEAM	REMARKS	W-D

TIME	CAP	TEAM	REMARKS	W-D

TIME	CAP	TEAM	REMARKS	W-D

RESULT	W	D
1ST		
2ND		
3RD		
4TH		
OT1		
OT2		
OT3		
TOTAL		

REFEREE 1 (PRINT)

REFEREE 1 (STGNATURE)

REFEREE 2 (PRINT)

REFEREE 2 (STGNATURE)

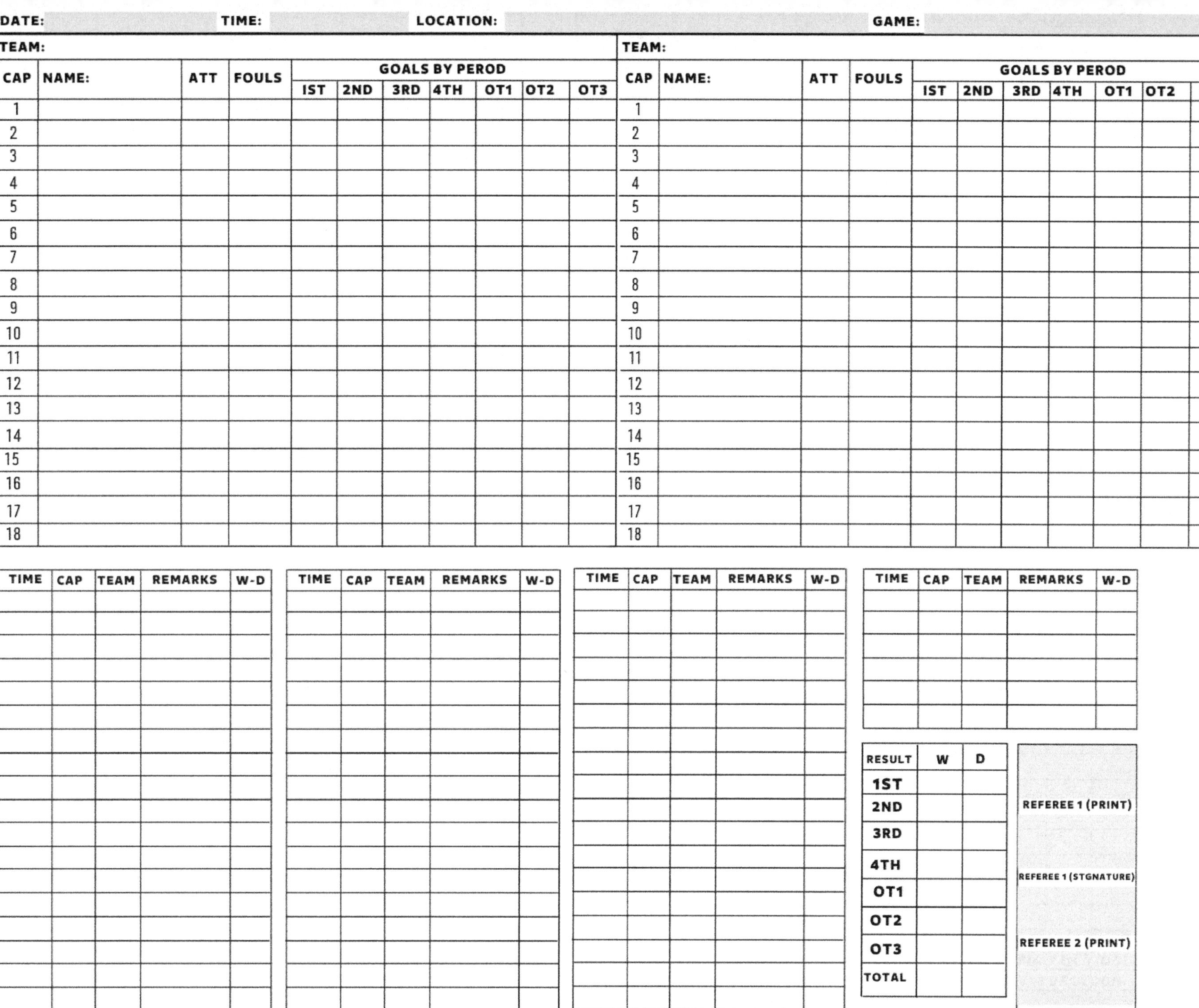

DATE: TIME: LOCATION: GAME:

TEAM:

CAP	NAME:	ATT	FOULS	GOALS BY PEROD						
				IST	2ND	3RD	4TH	OT1	OT2	OT3
1										
2										
3										
4										
5										
6										
7										
8										
9										
10										
11										
12										
13										
14										
15										
16										
17										
18										

TEAM:

CAP	NAME:	ATT	FOULS	GOALS BY PEROD						
				IST	2ND	3RD	4TH	OT1	OT2	OT3
1										
2										
3										
4										
5										
6										
7										
8										
9										
10										
11										
12										
13										
14										
15										
16										
17										
18										

TIME	CAP	TEAM	REMARKS	W-D

TIME	CAP	TEAM	REMARKS	W-D

TIME	CAP	TEAM	REMARKS	W-D

TIME	CAP	TEAM	REMARKS	W-D

RESULT	W	D
1ST		
2ND		
3RD		
4TH		
OT1		
OT2		
OT3		
TOTAL		

REFEREE 1 (PRINT)

REFEREE 1 (STGNATURE)

REFEREE 2 (PRINT)

REFEREE 2 (STGNATURE)

DATE: TIME: LOCATION: GAME:

TEAM:										
CAP	NAME:	ATT	FOULS	GOALS BY PEROD						
				IST	2ND	3RD	4TH	OT1	OT2	OT3
1										
2										
3										
4										
5										
6										
7										
8										
9										
10										
11										
12										
13										
14										
15										
16										
17										
18										

TEAM:										
CAP	NAME:	ATT	FOULS	GOALS BY PEROD						
				IST	2ND	3RD	4TH	OT1	OT2	OT3
1										
2										
3										
4										
5										
6										
7										
8										
9										
10										
11										
12										
13										
14										
15										
16										
17										
18										

TIME	CAP	TEAM	REMARKS	W-D

TIME	CAP	TEAM	REMARKS	W-D

TIME	CAP	TEAM	REMARKS	W-D

TIME	CAP	TEAM	REMARKS	W-D

RESULT	W	D
1ST		
2ND		
3RD		
4TH		
OT1		
OT2		
OT3		
TOTAL		

REFEREE 1 (PRINT)

REFEREE 1 (STGNATURE)

REFEREE 2 (PRINT)

REFEREE 2 (STGNATURE)

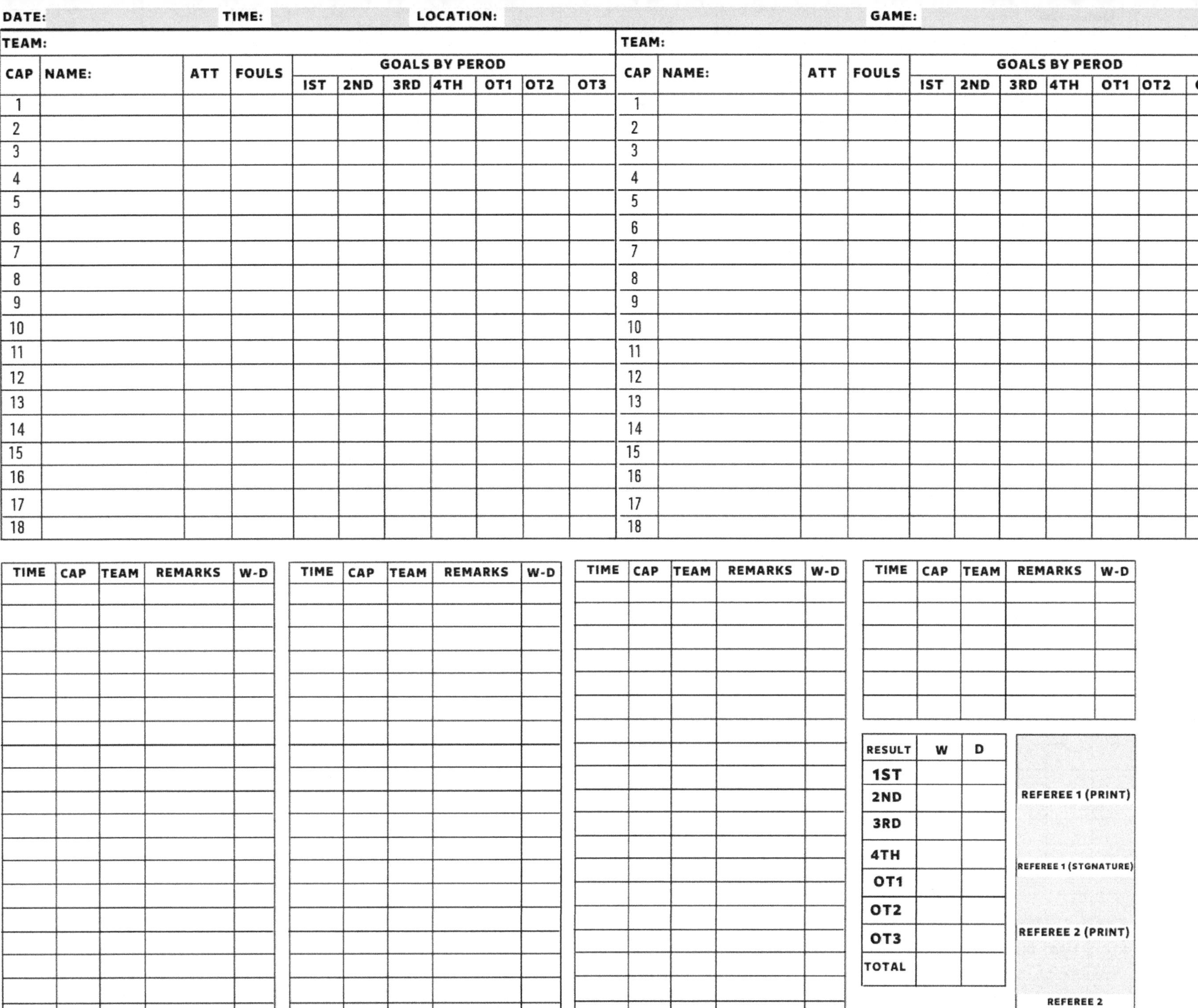

DATE: TIME: LOCATION: GAME:

TEAM:										
CAP	NAME:	ATT	FOULS	GOALS BY PEROD						
				IST	2ND	3RD	4TH	OT1	OT2	OT3
1										
2										
3										
4										
5										
6										
7										
8										
9										
10										
11										
12										
13										
14										
15										
16										
17										
18										

TEAM:										
CAP	NAME:	ATT	FOULS	GOALS BY PEROD						
				IST	2ND	3RD	4TH	OT1	OT2	OT3
1										
2										
3										
4										
5										
6										
7										
8										
9										
10										
11										
12										
13										
14										
15										
16										
17										
18										

TIME	CAP	TEAM	REMARKS	W-D

TIME	CAP	TEAM	REMARKS	W-D

TIME	CAP	TEAM	REMARKS	W-D

TIME	CAP	TEAM	REMARKS	W-D

RESULT	W	D
1ST		
2ND		
3RD		
4TH		
OT1		
OT2		
OT3		
TOTAL		

REFEREE 1 (PRINT)

REFEREE 1 (STGNATURE)

REFEREE 2 (PRINT)

REFEREE 2 (STGNATURE)

DATE: TIME: LOCATION: GAME:

TEAM:										
CAP	NAME:	ATT	FOULS	GOALS BY PEROD						
				IST	2ND	3RD	4TH	OT1	OT2	OT3
1										
2										
3										
4										
5										
6										
7										
8										
9										
10										
11										
12										
13										
14										
15										
16										
17										
18										

TEAM:										
CAP	NAME:	ATT	FOULS	GOALS BY PEROD						
				IST	2ND	3RD	4TH	OT1	OT2	OT3
1										
2										
3										
4										
5										
6										
7										
8										
9										
10										
11										
12										
13										
14										
15										
16										
17										
18										

TIME	CAP	TEAM	REMARKS	W-D

TIME	CAP	TEAM	REMARKS	W-D

TIME	CAP	TEAM	REMARKS	W-D

TIME	CAP	TEAM	REMARKS	W-D

RESULT	W	D
1ST		
2ND		
3RD		
4TH		
OT1		
OT2		
OT3		
TOTAL		

REFEREE 1 (PRINT)

REFEREE 1 (STGNATURE)

REFEREE 2 (PRINT)

REFEREE 2 (STGNATURE)

DATE: **TIME:** **LOCATION:** **GAME:**

TEAM:										
CAP	NAME:	ATT	FOULS	GOALS BY PEROD						
				IST	2ND	3RD	4TH	OT1	OT2	OT3
1										
2										
3										
4										
5										
6										
7										
8										
9										
10										
11										
12										
13										
14										
15										
16										
17										
18										

TEAM:										
CAP	NAME:	ATT	FOULS	GOALS BY PEROD						
				IST	2ND	3RD	4TH	OT1	OT2	OT3
1										
2										
3										
4										
5										
6										
7										
8										
9										
10										
11										
12										
13										
14										
15										
16										
17										
18										

TIME	CAP	TEAM	REMARKS	W-D

TIME	CAP	TEAM	REMARKS	W-D

TIME	CAP	TEAM	REMARKS	W-D

TIME	CAP	TEAM	REMARKS	W-D

RESULT	W	D
1ST		
2ND		
3RD		
4TH		
OT1		
OT2		
OT3		
TOTAL		

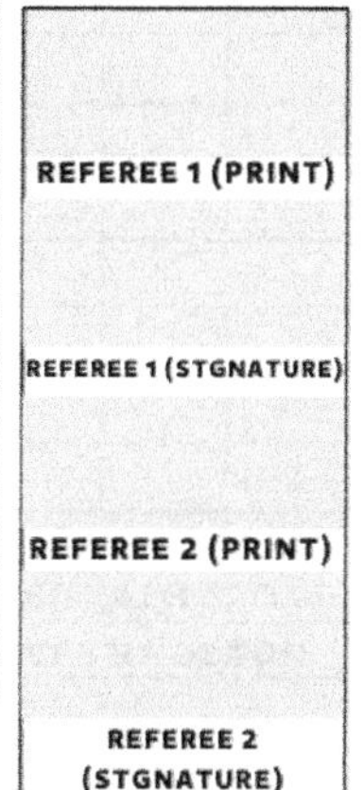

DATE: TIME: LOCATION: GAME:

TEAM:										
CAP	NAME:	ATT	FOULS	GOALS BY PEROD						
				IST	2ND	3RD	4TH	OT1	OT2	OT3
1										
2										
3										
4										
5										
6										
7										
8										
9										
10										
11										
12										
13										
14										
15										
16										
17										
18										

TEAM:										
CAP	NAME:	ATT	FOULS	GOALS BY PEROD						
				IST	2ND	3RD	4TH	OT1	OT2	OT3
1										
2										
3										
4										
5										
6										
7										
8										
9										
10										
11										
12										
13										
14										
15										
16										
17										
18										

TIME	CAP	TEAM	REMARKS	W-D

TIME	CAP	TEAM	REMARKS	W-D

TIME	CAP	TEAM	REMARKS	W-D

TIME	CAP	TEAM	REMARKS	W-D

RESULT	W	D
1ST		
2ND		
3RD		
4TH		
OT1		
OT2		
OT3		
TOTAL		

REFEREE 1 (PRINT)

REFEREE 1 (STGNATURE)

REFEREE 2 (PRINT)

REFEREE 2
(STGNATURE)

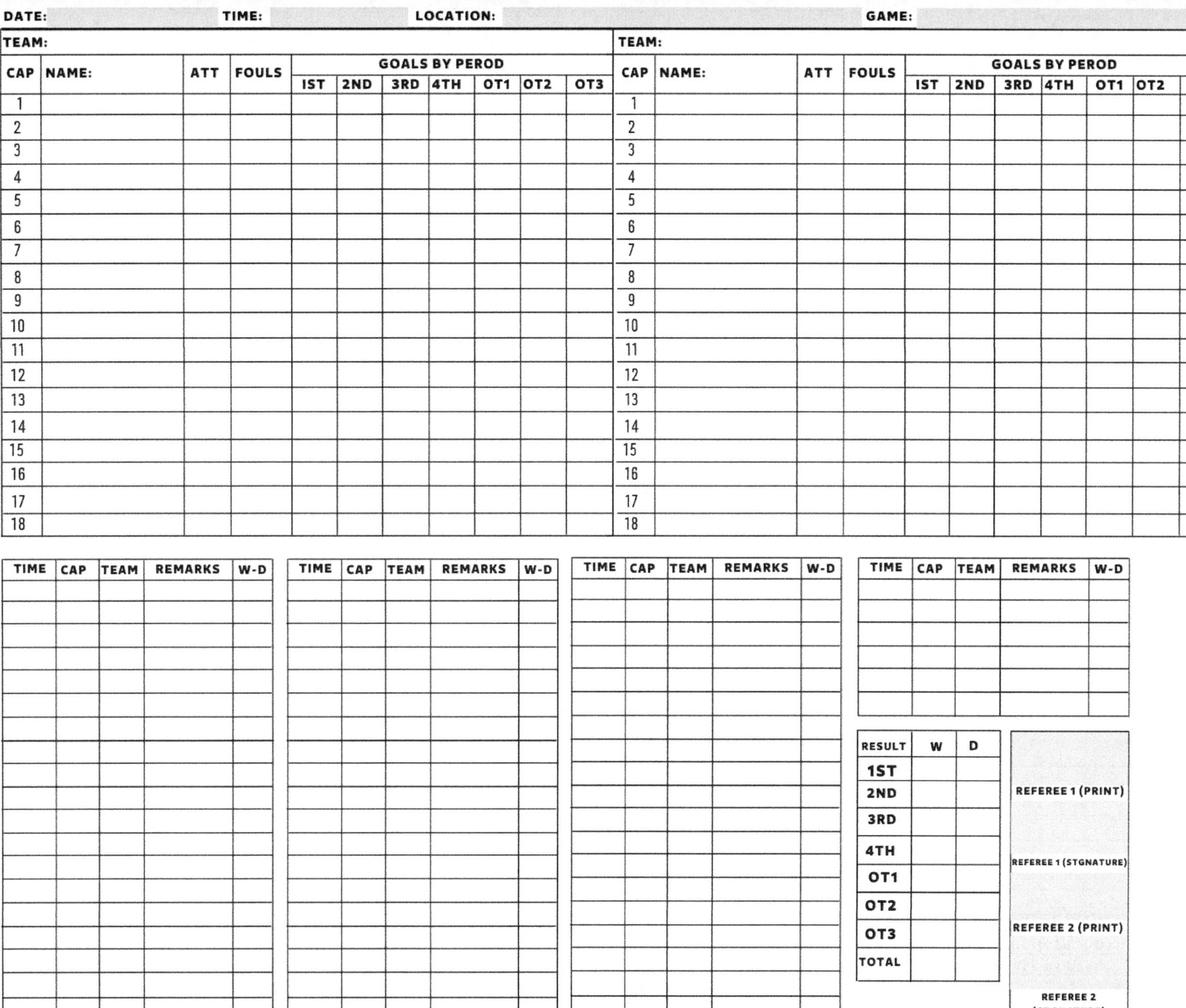

DATE: TIME: LOCATION: GAME:

TEAM:

CAP	NAME:	ATT	FOULS	GOALS BY PEROD						
				IST	2ND	3RD	4TH	OT1	OT2	OT3
1										
2										
3										
4										
5										
6										
7										
8										
9										
10										
11										
12										
13										
14										
15										
16										
17										
18										

TEAM:

CAP	NAME:	ATT	FOULS	GOALS BY PEROD						
				IST	2ND	3RD	4TH	OT1	OT2	OT3
1										
2										
3										
4										
5										
6										
7										
8										
9										
10										
11										
12										
13										
14										
15										
16										
17										
18										

TIME	CAP	TEAM	REMARKS	W-D

TIME	CAP	TEAM	REMARKS	W-D

TIME	CAP	TEAM	REMARKS	W-D

TIME	CAP	TEAM	REMARKS	W-D

RESULT	W	D
1ST		
2ND		
3RD		
4TH		
OT1		
OT2		
OT3		
TOTAL		

REFEREE 1 (PRINT)

REFEREE 1 (STGNATURE)

REFEREE 2 (PRINT)

REFEREE 2 (STGNATURE)

DATE: TIME: LOCATION: GAME:

TEAM:										
CAP	NAME:	ATT	FOULS	GOALS BY PEROD						
				IST	2ND	3RD	4TH	OT1	OT2	OT3
1										
2										
3										
4										
5										
6										
7										
8										
9										
10										
11										
12										
13										
14										
15										
16										
17										
18										

TEAM:										
CAP	NAME:	ATT	FOULS	GOALS BY PEROD						
				IST	2ND	3RD	4TH	OT1	OT2	OT3
1										
2										
3										
4										
5										
6										
7										
8										
9										
10										
11										
12										
13										
14										
15										
16										
17										
18										

TIME	CAP	TEAM	REMARKS	W-D

TIME	CAP	TEAM	REMARKS	W-D

TIME	CAP	TEAM	REMARKS	W-D

TIME	CAP	TEAM	REMARKS	W-D

RESULT	W	D
1ST		
2ND		
3RD		
4TH		
OT1		
OT2		
OT3		
TOTAL		

REFEREE 1 (PRINT)

REFEREE 1 (STGNATURE)

REFEREE 2 (PRINT)

REFEREE 2 (STGNATURE)

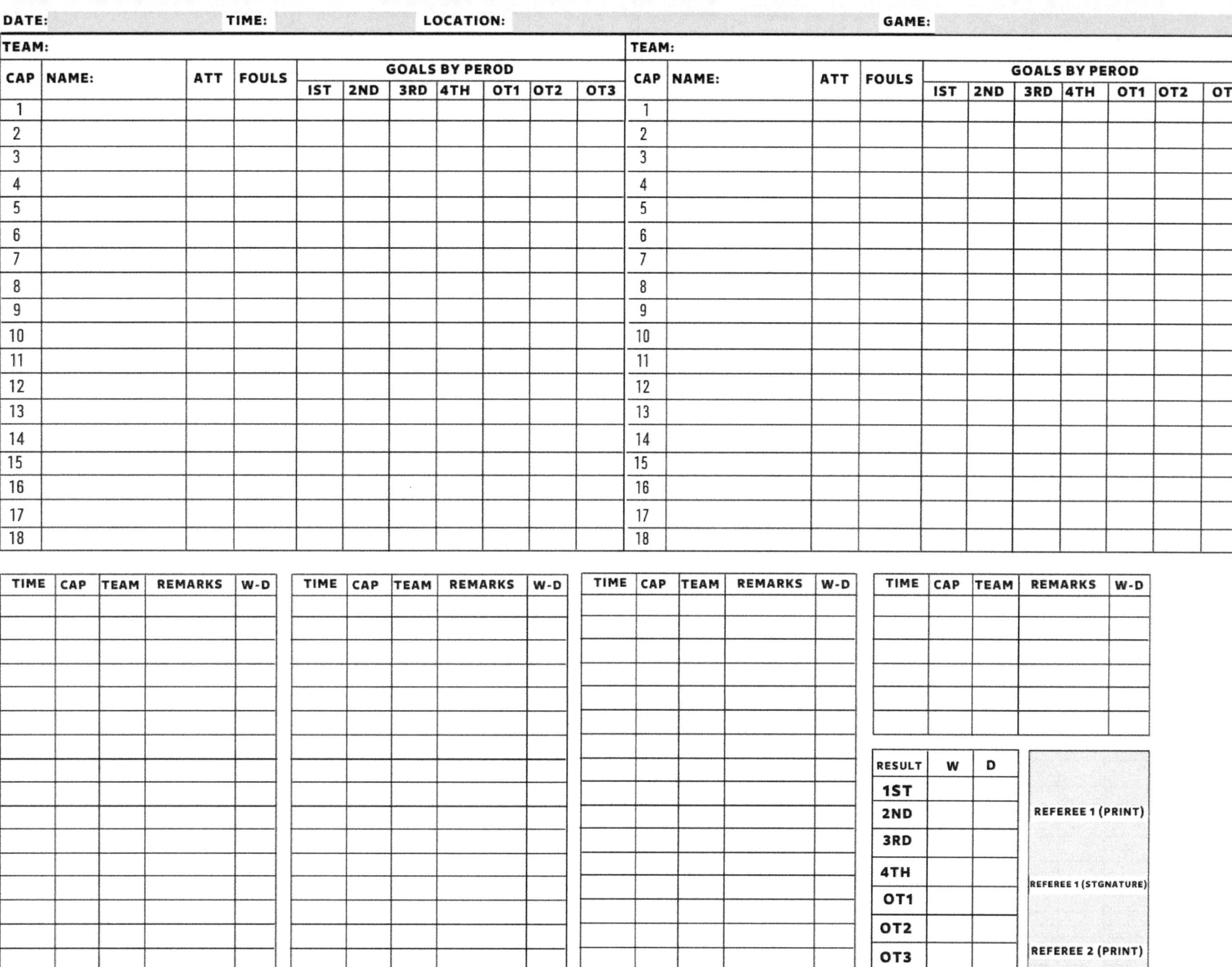

DATE: TIME: LOCATION: GAME:

TEAM:

CAP	NAME:	ATT	FOULS	GOALS BY PEROD						
				IST	2ND	3RD	4TH	OT1	OT2	OT3
1										
2										
3										
4										
5										
6										
7										
8										
9										
10										
11										
12										
13										
14										
15										
16										
17										
18										

TEAM:

CAP	NAME:	ATT	FOULS	GOALS BY PEROD						
				IST	2ND	3RD	4TH	OT1	OT2	OT3
1										
2										
3										
4										
5										
6										
7										
8										
9										
10										
11										
12										
13										
14										
15										
16										
17										
18										

TIME	CAP	TEAM	REMARKS	W-D

TIME	CAP	TEAM	REMARKS	W-D

TIME	CAP	TEAM	REMARKS	W-D

TIME	CAP	TEAM	REMARKS	W-D

RESULT	W	D
1ST		
2ND		
3RD		
4TH		
OT1		
OT2		
OT3		
TOTAL		

REFEREE 1 (PRINT)

REFEREE 1 (STGNATURE)

REFEREE 2 (PRINT)

REFEREE 2 (STGNATURE)

DATE: TIME: LOCATION: GAME:

TEAM:

CAP	NAME:	ATT	FOULS	GOALS BY PEROD						
				IST	2ND	3RD	4TH	OT1	OT2	OT3
1										
2										
3										
4										
5										
6										
7										
8										
9										
10										
11										
12										
13										
14										
15										
16										
17										
18										

TEAM:

CAP	NAME:	ATT	FOULS	GOALS BY PEROD						
				IST	2ND	3RD	4TH	OT1	OT2	OT3
1										
2										
3										
4										
5										
6										
7										
8										
9										
10										
11										
12										
13										
14										
15										
16										
17										
18										

TIME	CAP	TEAM	REMARKS	W-D

TIME	CAP	TEAM	REMARKS	W-D

TIME	CAP	TEAM	REMARKS	W-D

TIME	CAP	TEAM	REMARKS	W-D

RESULT	W	D
1ST		
2ND		
3RD		
4TH		
OT1		
OT2		
OT3		
TOTAL		

REFEREE 1 (PRINT)

REFEREE 1 (STGNATURE)

REFEREE 2 (PRINT)

REFEREE 2 (STGNATURE)

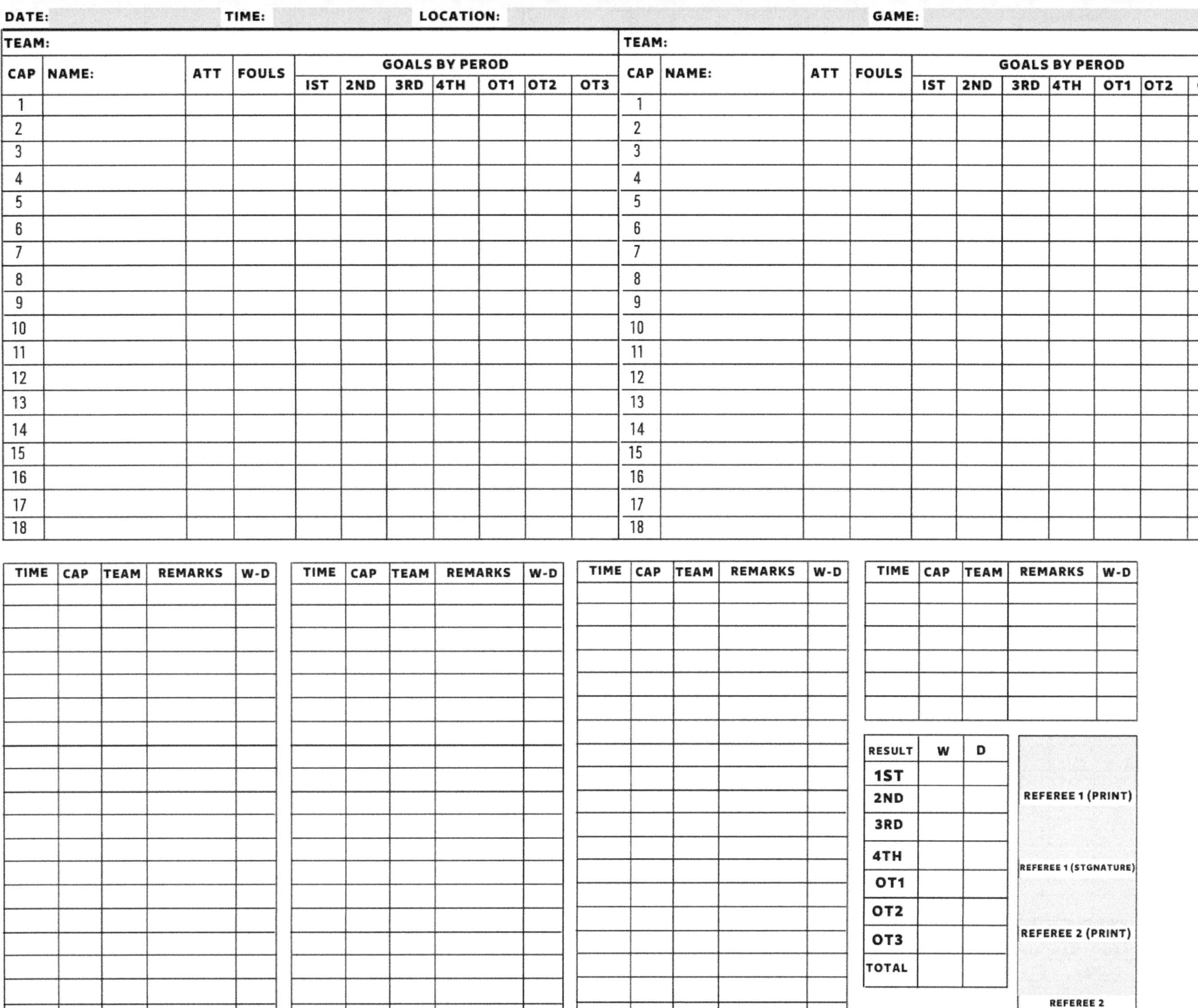

DATE: **TIME:** **LOCATION:** **GAME:**

TEAM:

CAP	NAME:	ATT	FOULS	GOALS BY PEROD						
				IST	2ND	3RD	4TH	OT1	OT2	OT3
1										
2										
3										
4										
5										
6										
7										
8										
9										
10										
11										
12										
13										
14										
15										
16										
17										
18										

TEAM:

CAP	NAME:	ATT	FOULS	GOALS BY PEROD						
				IST	2ND	3RD	4TH	OT1	OT2	OT3
1										
2										
3										
4										
5										
6										
7										
8										
9										
10										
11										
12										
13										
14										
15										
16										
17										
18										

TIME	CAP	TEAM	REMARKS	W-D

TIME	CAP	TEAM	REMARKS	W-D

TIME	CAP	TEAM	REMARKS	W-D

TIME	CAP	TEAM	REMARKS	W-D

RESULT	W	D
1ST		
2ND		
3RD		
4TH		
OT1		
OT2		
OT3		
TOTAL		

REFEREE 1 (PRINT)

REFEREE 1 (STGNATURE)

REFEREE 2 (PRINT)

REFEREE 2 (STGNATURE)

DATE: TIME: LOCATION: GAME:

TEAM:										
CAP	NAME:	ATT	FOULS	GOALS BY PEROD						
				IST	2ND	3RD	4TH	OT1	OT2	OT3
1										
2										
3										
4										
5										
6										
7										
8										
9										
10										
11										
12										
13										
14										
15										
16										
17										
18										

TEAM:										
CAP	NAME:	ATT	FOULS	GOALS BY PEROD						
				IST	2ND	3RD	4TH	OT1	OT2	OT3
1										
2										
3										
4										
5										
6										
7										
8										
9										
10										
11										
12										
13										
14										
15										
16										
17										
18										

TIME	CAP	TEAM	REMARKS	W-D

TIME	CAP	TEAM	REMARKS	W-D

TIME	CAP	TEAM	REMARKS	W-D

TIME	CAP	TEAM	REMARKS	W-D

RESULT	W	D
1ST		
2ND		
3RD		
4TH		
OT1		
OT2		
OT3		
TOTAL		

REFEREE 1 (PRINT)

REFEREE 1 (STGNATURE)

REFEREE 2 (PRINT)

REFEREE 2 (STGNATURE)

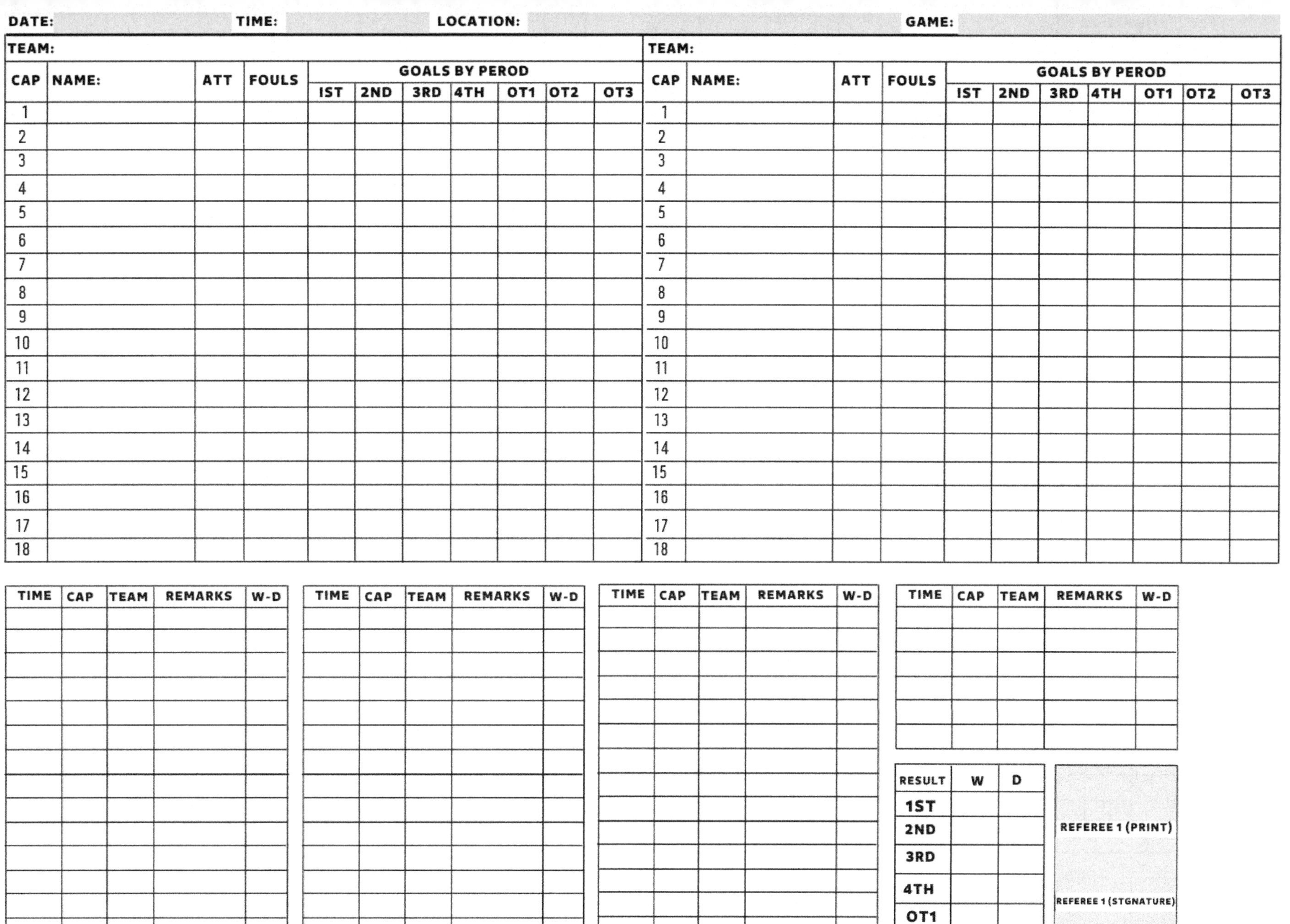

DATE: | TIME: | LOCATION: | GAME:

TEAM:										
CAP	NAME:	ATT	FOULS	GOALS BY PEROD						
				IST	2ND	3RD	4TH	OT1	OT2	OT3
1										
2										
3										
4										
5										
6										
7										
8										
9										
10										
11										
12										
13										
14										
15										
16										
17										
18										

TEAM:										
CAP	NAME:	ATT	FOULS	GOALS BY PEROD						
				IST	2ND	3RD	4TH	OT1	OT2	OT3
1										
2										
3										
4										
5										
6										
7										
8										
9										
10										
11										
12										
13										
14										
15										
16										
17										
18										

TIME	CAP	TEAM	REMARKS	W-D

TIME	CAP	TEAM	REMARKS	W-D

TIME	CAP	TEAM	REMARKS	W-D

TIME	CAP	TEAM	REMARKS	W-D

RESULT	W	D
1ST		
2ND		
3RD		
4TH		
OT1		
OT2		
OT3		
TOTAL		

REFEREE 1 (PRINT)

REFEREE 1 (STGNATURE)

REFEREE 2 (PRINT)

REFEREE 2 (STGNATURE)

DATE: TIME: LOCATION: GAME:

TEAM:

CAP	NAME:	ATT	FOULS	GOALS BY PEROD						
				IST	2ND	3RD	4TH	OT1	OT2	OT3
1										
2										
3										
4										
5										
6										
7										
8										
9										
10										
11										
12										
13										
14										
15										
16										
17										
18										

TEAM:

CAP	NAME:	ATT	FOULS	GOALS BY PEROD						
				IST	2ND	3RD	4TH	OT1	OT2	OT3
1										
2										
3										
4										
5										
6										
7										
8										
9										
10										
11										
12										
13										
14										
15										
16										
17										
18										

TIME	CAP	TEAM	REMARKS	W-D

TIME	CAP	TEAM	REMARKS	W-D

TIME	CAP	TEAM	REMARKS	W-D

TIME	CAP	TEAM	REMARKS	W-D

RESULT	W	D
1ST		
2ND		
3RD		
4TH		
OT1		
OT2		
OT3		
TOTAL		

REFEREE 1 (PRINT)

REFEREE 1 (STGNATURE)

REFEREE 2 (PRINT)

REFEREE 2 (STGNATURE)

DATE: TIME: LOCATION: GAME:

TEAM:										
CAP	NAME:	ATT	FOULS	GOALS BY PEROD						
				IST	2ND	3RD	4TH	OT1	OT2	OT3
1										
2										
3										
4										
5										
6										
7										
8										
9										
10										
11										
12										
13										
14										
15										
16										
17										
18										

TEAM:										
CAP	NAME:	ATT	FOULS	GOALS BY PEROD						
				IST	2ND	3RD	4TH	OT1	OT2	OT3
1										
2										
3										
4										
5										
6										
7										
8										
9										
10										
11										
12										
13										
14										
15										
16										
17										
18										

TIME	CAP	TEAM	REMARKS	W-D

TIME	CAP	TEAM	REMARKS	W-D

TIME	CAP	TEAM	REMARKS	W-D

TIME	CAP	TEAM	REMARKS	W-D

RESULT	W	D
1ST		
2ND		
3RD		
4TH		
OT1		
OT2		
OT3		
TOTAL		

REFEREE 1 (PRINT)

REFEREE 1 (STGNATURE)

REFEREE 2 (PRINT)

REFEREE 2 (STGNATURE)

DATE: TIME: LOCATION: GAME:

TEAM:										
CAP	NAME:	ATT	FOULS	GOALS BY PEROD						
				IST	2ND	3RD	4TH	OT1	OT2	OT3
1										
2										
3										
4										
5										
6										
7										
8										
9										
10										
11										
12										
13										
14										
15										
16										
17										
18										

TEAM:										
CAP	NAME:	ATT	FOULS	GOALS BY PEROD						
				IST	2ND	3RD	4TH	OT1	OT2	OT3
1										
2										
3										
4										
5										
6										
7										
8										
9										
10										
11										
12										
13										
14										
15										
16										
17										
18										

TIME	CAP	TEAM	REMARKS	W-D

TIME	CAP	TEAM	REMARKS	W-D

TIME	CAP	TEAM	REMARKS	W-D

TIME	CAP	TEAM	REMARKS	W-D

RESULT	W	D
1ST		
2ND		
3RD		
4TH		
OT1		
OT2		
OT3		
TOTAL		

REFEREE 1 (PRINT)

REFEREE 1 (STGNATURE)

REFEREE 2 (PRINT)

REFEREE 2 (STGNATURE)

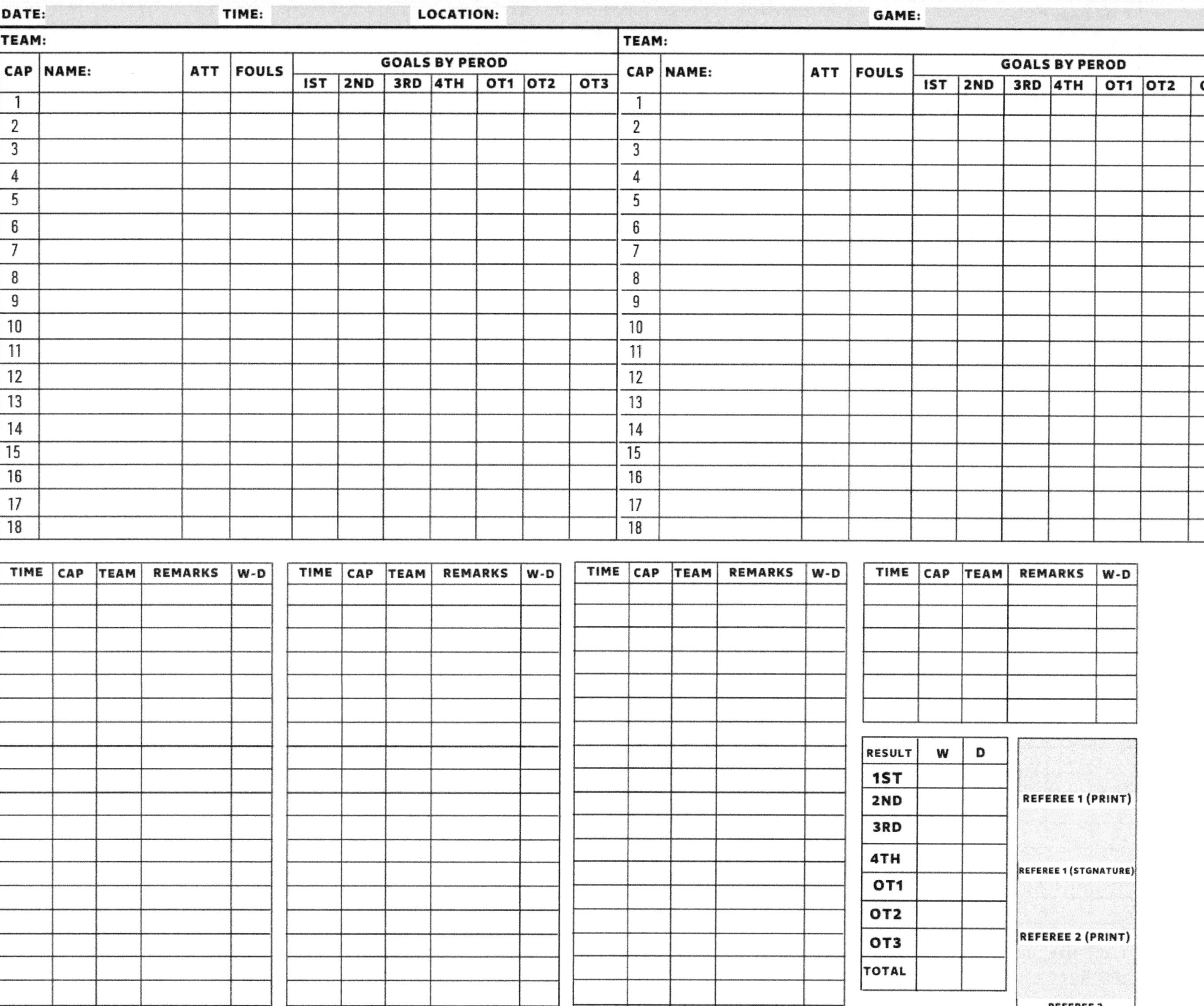

DATE: TIME: LOCATION: GAME:

TEAM:										
CAP	NAME:	ATT	FOULS	GOALS BY PEROD						
				IST	2ND	3RD	4TH	OT1	OT2	OT3
1										
2										
3										
4										
5										
6										
7										
8										
9										
10										
11										
12										
13										
14										
15										
16										
17										
18										

TEAM:										
CAP	NAME:	ATT	FOULS	GOALS BY PEROD						
				IST	2ND	3RD	4TH	OT1	OT2	OT3
1										
2										
3										
4										
5										
6										
7										
8										
9										
10										
11										
12										
13										
14										
15										
16										
17										
18										

TIME	CAP	TEAM	REMARKS	W-D

TIME	CAP	TEAM	REMARKS	W-D

TIME	CAP	TEAM	REMARKS	W-D

TIME	CAP	TEAM	REMARKS	W-D

RESULT	W	D
1ST		
2ND		
3RD		
4TH		
OT1		
OT2		
OT3		
TOTAL		

REFEREE 1 (PRINT)

REFEREE 1 (STGNATURE)

REFEREE 2 (PRINT)

REFEREE 2 (STGNATURE)

DATE: TIME: LOCATION: GAME:

TEAM:										
CAP	NAME:	ATT	FOULS	GOALS BY PEROD						
				IST	2ND	3RD	4TH	OT1	OT2	OT3
1										
2										
3										
4										
5										
6										
7										
8										
9										
10										
11										
12										
13										
14										
15										
16										
17										
18										

TEAM:										
CAP	NAME:	ATT	FOULS	GOALS BY PEROD						
				IST	2ND	3RD	4TH	OT1	OT2	OT3
1										
2										
3										
4										
5										
6										
7										
8										
9										
10										
11										
12										
13										
14										
15										
16										
17										
18										

TIME	CAP	TEAM	REMARKS	W-D

TIME	CAP	TEAM	REMARKS	W-D

TIME	CAP	TEAM	REMARKS	W-D

TIME	CAP	TEAM	REMARKS	W-D

RESULT	W	D
1ST		
2ND		
3RD		
4TH		
OT1		
OT2		
OT3		
TOTAL		

REFEREE 1 (PRINT)

REFEREE 1 (STGNATURE)

REFEREE 2 (PRINT)

REFEREE 2 (STGNATURE)

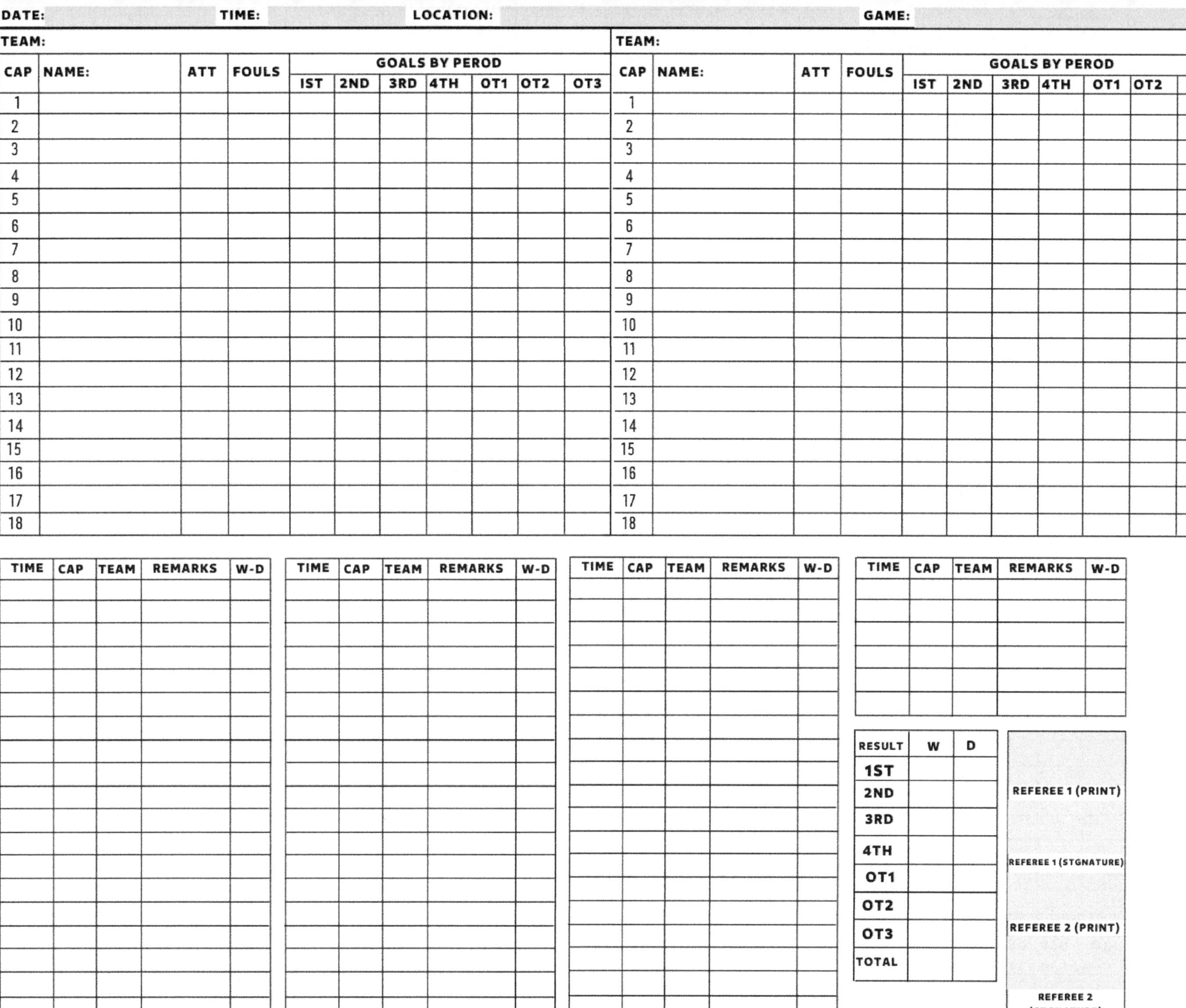

DATE: TIME: LOCATION: GAME:

TEAM:

CAP	NAME:	ATT	FOULS	GOALS BY PEROD						
				IST	2ND	3RD	4TH	OT1	OT2	OT3
1										
2										
3										
4										
5										
6										
7										
8										
9										
10										
11										
12										
13										
14										
15										
16										
17										
18										

TEAM:

CAP	NAME:	ATT	FOULS	GOALS BY PEROD						
				IST	2ND	3RD	4TH	OT1	OT2	OT3
1										
2										
3										
4										
5										
6										
7										
8										
9										
10										
11										
12										
13										
14										
15										
16										
17										
18										

TIME	CAP	TEAM	REMARKS	W-D

TIME	CAP	TEAM	REMARKS	W-D

TIME	CAP	TEAM	REMARKS	W-D

TIME	CAP	TEAM	REMARKS	W-D

RESULT	W	D
1ST		
2ND		
3RD		
4TH		
OT1		
OT2		
OT3		
TOTAL		

REFEREE 1 (PRINT)

REFEREE 1 (STGNATURE)

REFEREE 2 (PRINT)

REFEREE 2 (STGNATURE)

DATE: TIME: LOCATION: GAME:

TEAM:										
CAP	NAME:	ATT	FOULS	GOALS BY PEROD						
				IST	2ND	3RD	4TH	OT1	OT2	OT3
1										
2										
3										
4										
5										
6										
7										
8										
9										
10										
11										
12										
13										
14										
15										
16										
17										
18										

TEAM:										
CAP	NAME:	ATT	FOULS	GOALS BY PEROD						
				IST	2ND	3RD	4TH	OT1	OT2	OT3
1										
2										
3										
4										
5										
6										
7										
8										
9										
10										
11										
12										
13										
14										
15										
16										
17										
18										

TIME	CAP	TEAM	REMARKS	W-D

TIME	CAP	TEAM	REMARKS	W-D

TIME	CAP	TEAM	REMARKS	W-D

TIME	CAP	TEAM	REMARKS	W-D

RESULT	W	D
1ST		
2ND		
3RD		
4TH		
OT1		
OT2		
OT3		
TOTAL		

REFEREE 1 (PRINT)

REFEREE 1 (STGNATURE)

REFEREE 2 (PRINT)

REFEREE 2 (STGNATURE)

DATE: TIME: LOCATION: GAME:

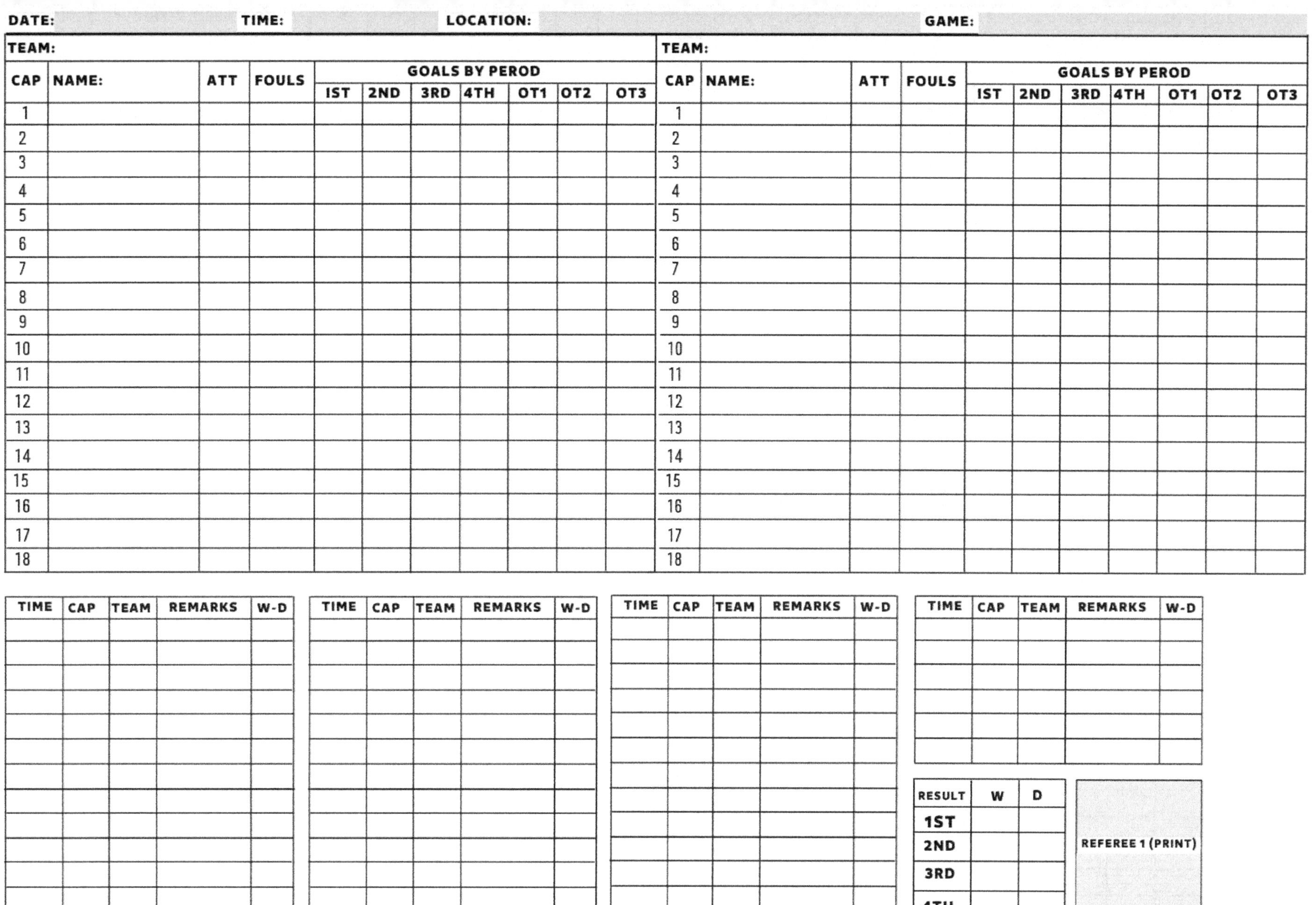

TEAM:										
CAP	NAME:	ATT	FOULS	GOALS BY PEROD						
				IST	2ND	3RD	4TH	OT1	OT2	OT3
1										
2										
3										
4										
5										
6										
7										
8										
9										
10										
11										
12										
13										
14										
15										
16										
17										
18										

TEAM:										
CAP	NAME:	ATT	FOULS	GOALS BY PEROD						
				IST	2ND	3RD	4TH	OT1	OT2	OT3
1										
2										
3										
4										
5										
6										
7										
8										
9										
10										
11										
12										
13										
14										
15										
16										
17										
18										

TIME	CAP	TEAM	REMARKS	W-D

TIME	CAP	TEAM	REMARKS	W-D

TIME	CAP	TEAM	REMARKS	W-D

TIME	CAP	TEAM	REMARKS	W-D

RESULT	W	D
1ST		
2ND		
3RD		
4TH		
OT1		
OT2		
OT3		
TOTAL		

REFEREE 1 (PRINT)

REFEREE 1 (STGNATURE)

REFEREE 2 (PRINT)

REFEREE 2 (STGNATURE)

DATE: TIME: LOCATION: GAME:

TEAM:										
CAP	NAME:	ATT	FOULS	GOALS BY PEROD						
				IST	2ND	3RD	4TH	OT1	OT2	OT3
1										
2										
3										
4										
5										
6										
7										
8										
9										
10										
11										
12										
13										
14										
15										
16										
17										
18										

TEAM:										
CAP	NAME:	ATT	FOULS	GOALS BY PEROD						
				IST	2ND	3RD	4TH	OT1	OT2	OT3
1										
2										
3										
4										
5										
6										
7										
8										
9										
10										
11										
12										
13										
14										
15										
16										
17										
18										

TIME	CAP	TEAM	REMARKS	W-D

TIME	CAP	TEAM	REMARKS	W-D

TIME	CAP	TEAM	REMARKS	W-D

TIME	CAP	TEAM	REMARKS	W-D

RESULT	W	D
1ST		
2ND		
3RD		
4TH		
OT1		
OT2		
OT3		
TOTAL		

REFEREE 1 (PRINT)

REFEREE 1 (STGNATURE)

REFEREE 2 (PRINT)

REFEREE 2 (STGNATURE)

DATE: **TIME:** **LOCATION:** **GAME:**

TEAM:										
CAP	**NAME:**	**ATT**	**FOULS**	**GOALS BY PEROD**						
				IST	**2ND**	**3RD**	**4TH**	**OT1**	**OT2**	**OT3**
1										
2										
3										
4										
5										
6										
7										
8										
9										
10										
11										
12										
13										
14										
15										
16										
17										
18										

TEAM:										
CAP	**NAME:**	**ATT**	**FOULS**	**GOALS BY PEROD**						
				IST	**2ND**	**3RD**	**4TH**	**OT1**	**OT2**	**OT3**
1										
2										
3										
4										
5										
6										
7										
8										
9										
10										
11										
12										
13										
14										
15										
16										
17										
18										

TIME	CAP	TEAM	REMARKS	W-D

TIME	CAP	TEAM	REMARKS	W-D

TIME	CAP	TEAM	REMARKS	W-D

TIME	CAP	TEAM	REMARKS	W-D

RESULT	W	D
1ST		
2ND		
3RD		
4TH		
OT1		
OT2		
OT3		
TOTAL		

REFEREE 1 (PRINT)

REFEREE 1 (STGNATURE)

REFEREE 2 (PRINT)

REFEREE 2 (STGNATURE)

DATE: TIME: LOCATION: GAME:

TEAM:

CAP	NAME:	ATT	FOULS	GOALS BY PEROD						
				IST	2ND	3RD	4TH	OT1	OT2	OT3
1										
2										
3										
4										
5										
6										
7										
8										
9										
10										
11										
12										
13										
14										
15										
16										
17										
18										

TEAM:

CAP	NAME:	ATT	FOULS	GOALS BY PEROD						
				IST	2ND	3RD	4TH	OT1	OT2	OT3
1										
2										
3										
4										
5										
6										
7										
8										
9										
10										
11										
12										
13										
14										
15										
16										
17										
18										

TIME	CAP	TEAM	REMARKS	W-D

TIME	CAP	TEAM	REMARKS	W-D

TIME	CAP	TEAM	REMARKS	W-D

TIME	CAP	TEAM	REMARKS	W-D

RESULT	W	D
1ST		
2ND		
3RD		
4TH		
OT1		
OT2		
OT3		
TOTAL		

REFEREE 1 (PRINT)

REFEREE 1 (STGNATURE)

REFEREE 2 (PRINT)

REFEREE 2 (STGNATURE)

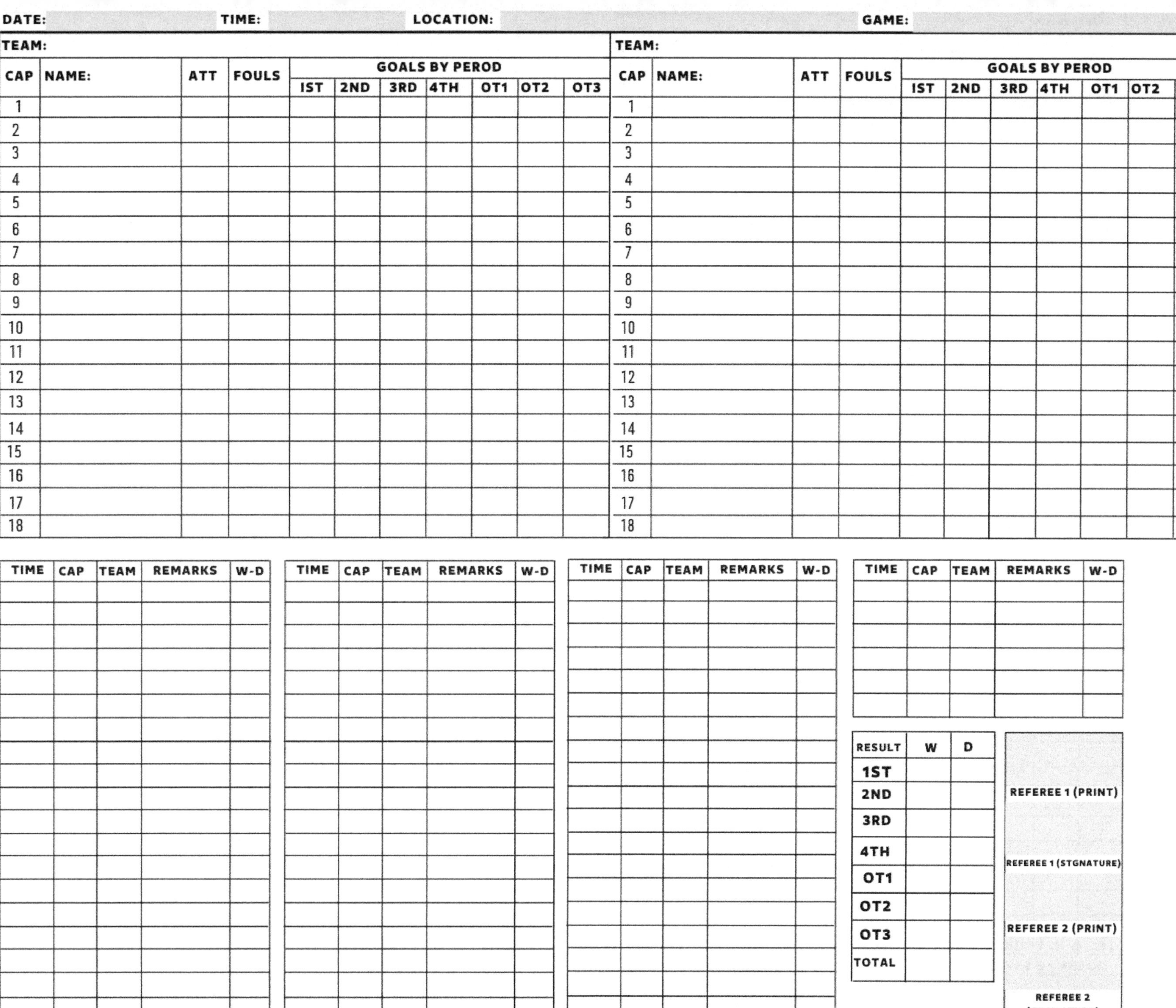

DATE: TIME: LOCATION: GAME:

TEAM:										
CAP	NAME:	ATT	FOULS	GOALS BY PEROD						
				IST	2ND	3RD	4TH	OT1	OT2	OT3
1										
2										
3										
4										
5										
6										
7										
8										
9										
10										
11										
12										
13										
14										
15										
16										
17										
18										

TEAM:										
CAP	NAME:	ATT	FOULS	GOALS BY PEROD						
				IST	2ND	3RD	4TH	OT1	OT2	OT3
1										
2										
3										
4										
5										
6										
7										
8										
9										
10										
11										
12										
13										
14										
15										
16										
17										
18										

TIME	CAP	TEAM	REMARKS	W-D

TIME	CAP	TEAM	REMARKS	W-D

TIME	CAP	TEAM	REMARKS	W-D

TIME	CAP	TEAM	REMARKS	W-D

RESULT	W	D
1ST		
2ND		
3RD		
4TH		
OT1		
OT2		
OT3		
TOTAL		

REFEREE 1 (PRINT)

REFEREE 1 (STGNATURE)

REFEREE 2 (PRINT)

REFEREE 2 (STGNATURE)

DATE: TIME: LOCATION: GAME:

TEAM:

CAP	NAME:	ATT	FOULS	GOALS BY PEROD						
				IST	2ND	3RD	4TH	OT1	OT2	OT3
1										
2										
3										
4										
5										
6										
7										
8										
9										
10										
11										
12										
13										
14										
15										
16										
17										
18										

TEAM:

CAP	NAME:	ATT	FOULS	GOALS BY PEROD						
				IST	2ND	3RD	4TH	OT1	OT2	OT3
1										
2										
3										
4										
5										
6										
7										
8										
9										
10										
11										
12										
13										
14										
15										
16										
17										
18										

TIME	CAP	TEAM	REMARKS	W-D

TIME	CAP	TEAM	REMARKS	W-D

TIME	CAP	TEAM	REMARKS	W-D

TIME	CAP	TEAM	REMARKS	W-D

RESULT	W	D
1ST		
2ND		
3RD		
4TH		
OT1		
OT2		
OT3		
TOTAL		

REFEREE 1 (PRINT)

REFEREE 1 (STGNATURE)

REFEREE 2 (PRINT)

REFEREE 2 (STGNATURE)

DATE: **TIME:** **LOCATION:** **GAME:**

TEAM:										
CAP	NAME:	ATT	FOULS	GOALS BY PEROD						
				IST	2ND	3RD	4TH	OT1	OT2	OT3
1										
2										
3										
4										
5										
6										
7										
8										
9										
10										
11										
12										
13										
14										
15										
16										
17										
18										

TEAM:										
CAP	NAME:	ATT	FOULS	GOALS BY PEROD						
				IST	2ND	3RD	4TH	OT1	OT2	OT3
1										
2										
3										
4										
5										
6										
7										
8										
9										
10										
11										
12										
13										
14										
15										
16										
17										
18										

TIME	CAP	TEAM	REMARKS	W-D

TIME	CAP	TEAM	REMARKS	W-D

TIME	CAP	TEAM	REMARKS	W-D

TIME	CAP	TEAM	REMARKS	W-D

RESULT	W	D
1ST		
2ND		
3RD		
4TH		
OT1		
OT2		
OT3		
TOTAL		

REFEREE 1 (PRINT)

REFEREE 1 (STGNATURE)

REFEREE 2 (PRINT)

REFEREE 2 (STGNATURE)

DATE: TIME: LOCATION: GAME:

TEAM:										
CAP	NAME:	ATT	FOULS	GOALS BY PEROD						
				IST	2ND	3RD	4TH	OT1	OT2	OT3
1										
2										
3										
4										
5										
6										
7										
8										
9										
10										
11										
12										
13										
14										
15										
16										
17										
18										

TEAM:										
CAP	NAME:	ATT	FOULS	GOALS BY PEROD						
				IST	2ND	3RD	4TH	OT1	OT2	OT3
1										
2										
3										
4										
5										
6										
7										
8										
9										
10										
11										
12										
13										
14										
15										
16										
17										
18										

TIME	CAP	TEAM	REMARKS	W-D

TIME	CAP	TEAM	REMARKS	W-D

TIME	CAP	TEAM	REMARKS	W-D

TIME	CAP	TEAM	REMARKS	W-D

RESULT	W	D
1ST		
2ND		
3RD		
4TH		
OT1		
OT2		
OT3		
TOTAL		

REFEREE 1 (PRINT)

REFEREE 1 (STGNATURE)

REFEREE 2 (PRINT)

REFEREE 2 (STGNATURE)

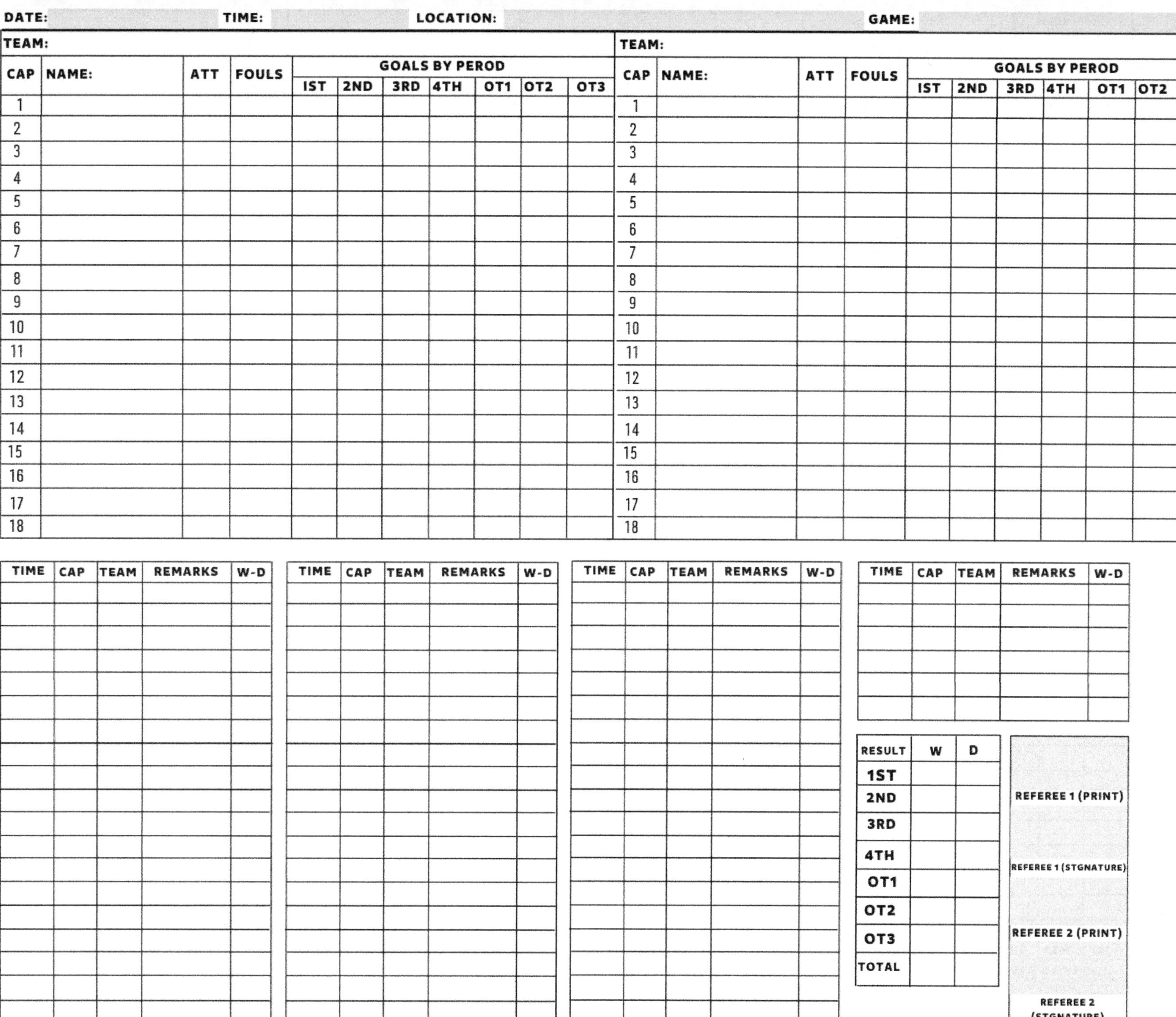

DATE: TIME: LOCATION: GAME:

TEAM:

CAP	NAME:	ATT	FOULS	GOALS BY PEROD						
				IST	2ND	3RD	4TH	OT1	OT2	OT3
1										
2										
3										
4										
5										
6										
7										
8										
9										
10										
11										
12										
13										
14										
15										
16										
17										
18										

TEAM:

CAP	NAME:	ATT	FOULS	GOALS BY PEROD						
				IST	2ND	3RD	4TH	OT1	OT2	OT3
1										
2										
3										
4										
5										
6										
7										
8										
9										
10										
11										
12										
13										
14										
15										
16										
17										
18										

TIME	CAP	TEAM	REMARKS	W-D

TIME	CAP	TEAM	REMARKS	W-D

TIME	CAP	TEAM	REMARKS	W-D

TIME	CAP	TEAM	REMARKS	W-D

RESULT	W	D
1ST		
2ND		
3RD		
4TH		
OT1		
OT2		
OT3		
TOTAL		

REFEREE 1 (PRINT)

REFEREE 1 (STGNATURE)

REFEREE 2 (PRINT)

REFEREE 2 (STGNATURE)

DATE: TIME: LOCATION: GAME:

TEAM:

CAP	NAME:	ATT	FOULS	GOALS BY PEROD						
				IST	2ND	3RD	4TH	OT1	OT2	OT3
1										
2										
3										
4										
5										
6										
7										
8										
9										
10										
11										
12										
13										
14										
15										
16										
17										
18										

TEAM:

CAP	NAME:	ATT	FOULS	GOALS BY PEROD						
				IST	2ND	3RD	4TH	OT1	OT2	OT3
1										
2										
3										
4										
5										
6										
7										
8										
9										
10										
11										
12										
13										
14										
15										
16										
17										
18										

TIME	CAP	TEAM	REMARKS	W-D

TIME	CAP	TEAM	REMARKS	W-D

TIME	CAP	TEAM	REMARKS	W-D

TIME	CAP	TEAM	REMARKS	W-D

RESULT	W	D
1ST		
2ND		
3RD		
4TH		
OT1		
OT2		
OT3		
TOTAL		

REFEREE 1 (PRINT)

REFEREE 1 (STGNATURE)

REFEREE 2 (PRINT)

REFEREE 2 (STGNATURE)

DATE: TIME: LOCATION: GAME:

TEAM:										
CAP	NAME:	ATT	FOULS	GOALS BY PEROD						
				IST	2ND	3RD	4TH	OT1	OT2	OT3
1										
2										
3										
4										
5										
6										
7										
8										
9										
10										
11										
12										
13										
14										
15										
16										
17										
18										

TEAM:										
CAP	NAME:	ATT	FOULS	GOALS BY PEROD						
				IST	2ND	3RD	4TH	OT1	OT2	OT3
1										
2										
3										
4										
5										
6										
7										
8										
9										
10										
11										
12										
13										
14										
15										
16										
17										
18										

TIME	CAP	TEAM	REMARKS	W-D

TIME	CAP	TEAM	REMARKS	W-D

TIME	CAP	TEAM	REMARKS	W-D

TIME	CAP	TEAM	REMARKS	W-D

RESULT	W	D
1ST		
2ND		
3RD		
4TH		
OT1		
OT2		
OT3		
TOTAL		

REFEREE 1 (PRINT)

REFEREE 1 (STGNATURE)

REFEREE 2 (PRINT)

REFEREE 2 (STGNATURE)

DATE: TIME: LOCATION: GAME:

TEAM:										
CAP	NAME:	ATT	FOULS	GOALS BY PEROD						
				IST	2ND	3RD	4TH	OT1	OT2	OT3
1										
2										
3										
4										
5										
6										
7										
8										
9										
10										
11										
12										
13										
14										
15										
16										
17										
18										

TEAM:										
CAP	NAME:	ATT	FOULS	GOALS BY PEROD						
				IST	2ND	3RD	4TH	OT1	OT2	OT3
1										
2										
3										
4										
5										
6										
7										
8										
9										
10										
11										
12										
13										
14										
15										
16										
17										
18										

TIME	CAP	TEAM	REMARKS	W-D

TIME	CAP	TEAM	REMARKS	W-D

TIME	CAP	TEAM	REMARKS	W-D

TIME	CAP	TEAM	REMARKS	W-D

RESULT	W	D
1ST		
2ND		
3RD		
4TH		
OT1		
OT2		
OT3		
TOTAL		

REFEREE 1 (PRINT)

REFEREE 1 (STGNATURE)

REFEREE 2 (PRINT)

REFEREE 2 (STGNATURE)

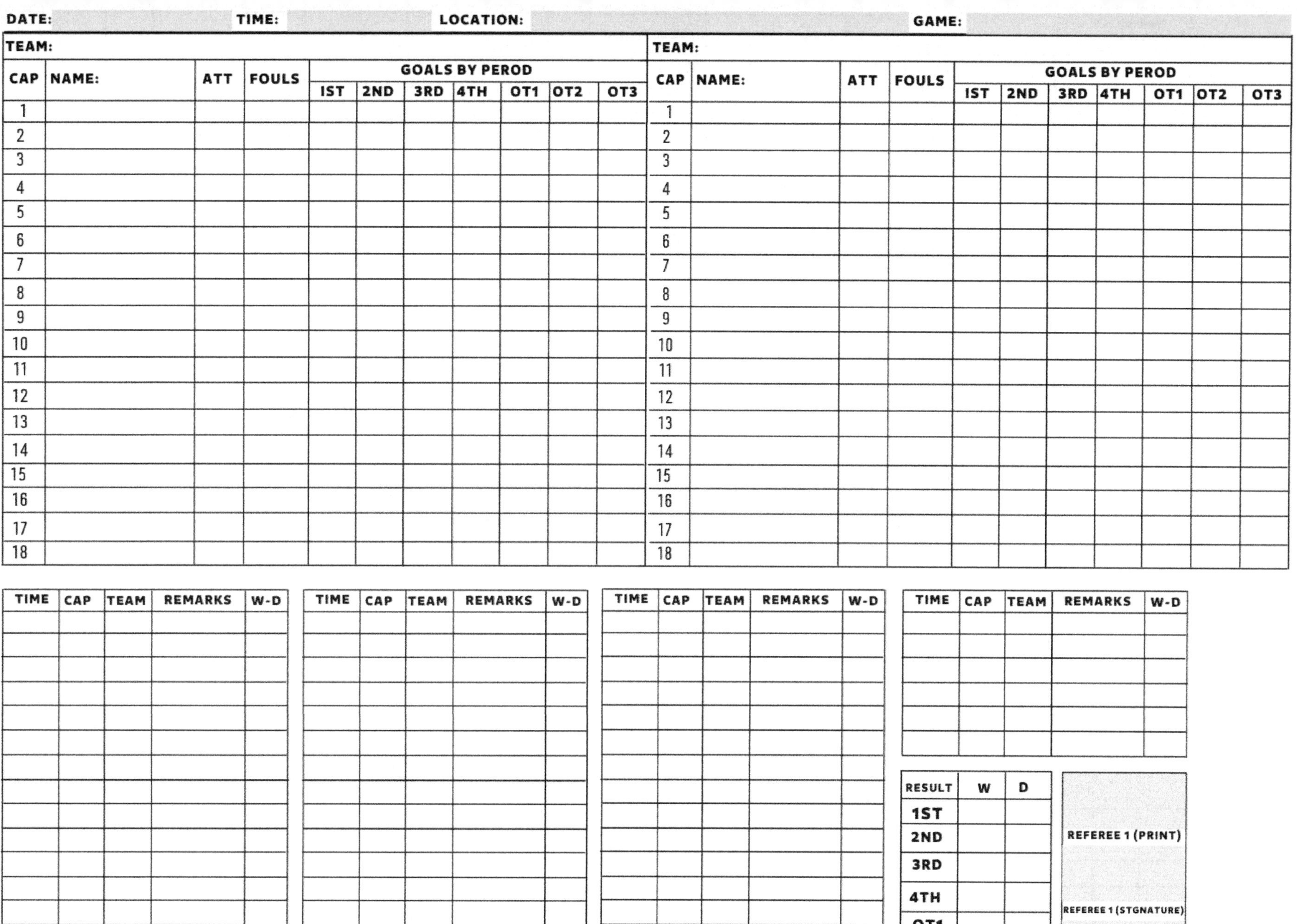

DATE: TIME: LOCATION: GAME:

TEAM:

CAP	NAME:	ATT	FOULS	GOALS BY PEROD						
				IST	2ND	3RD	4TH	OT1	OT2	OT3
1										
2										
3										
4										
5										
6										
7										
8										
9										
10										
11										
12										
13										
14										
15										
16										
17										
18										

TEAM:

CAP	NAME:	ATT	FOULS	GOALS BY PEROD						
				IST	2ND	3RD	4TH	OT1	OT2	OT3
1										
2										
3										
4										
5										
6										
7										
8										
9										
10										
11										
12										
13										
14										
15										
16										
17										
18										

TIME	CAP	TEAM	REMARKS	W-D

TIME	CAP	TEAM	REMARKS	W-D

TIME	CAP	TEAM	REMARKS	W-D

TIME	CAP	TEAM	REMARKS	W-D

RESULT	W	D
1ST		
2ND		
3RD		
4TH		
OT1		
OT2		
OT3		
TOTAL		

REFEREE 1 (PRINT)

REFEREE 1 (STGNATURE)

REFEREE 2 (PRINT)

REFEREE 2 (STGNATURE)

DATE: TIME: LOCATION: GAME:

TEAM:										
CAP	NAME:	ATT	FOULS	GOALS BY PEROD						
				IST	2ND	3RD	4TH	OT1	OT2	OT3
1										
2										
3										
4										
5										
6										
7										
8										
9										
10										
11										
12										
13										
14										
15										
16										
17										
18										

TEAM:										
CAP	NAME:	ATT	FOULS	GOALS BY PEROD						
				IST	2ND	3RD	4TH	OT1	OT2	OT3
1										
2										
3										
4										
5										
6										
7										
8										
9										
10										
11										
12										
13										
14										
15										
16										
17										
18										

TIME	CAP	TEAM	REMARKS	W-D

TIME	CAP	TEAM	REMARKS	W-D

TIME	CAP	TEAM	REMARKS	W-D

TIME	CAP	TEAM	REMARKS	W-D

RESULT	W	D
1ST		
2ND		
3RD		
4TH		
OT1		
OT2		
OT3		
TOTAL		

REFEREE 1 (PRINT)

REFEREE 1 (STGNATURE)

REFEREE 2 (PRINT)

REFEREE 2 (STGNATURE)

DATE: TIME: LOCATION: GAME:

TEAM:

CAP	NAME:	ATT	FOULS	GOALS BY PEROD						
				IST	2ND	3RD	4TH	OT1	OT2	OT3
1										
2										
3										
4										
5										
6										
7										
8										
9										
10										
11										
12										
13										
14										
15										
16										
17										
18										

TEAM:

CAP	NAME:	ATT	FOULS	GOALS BY PEROD						
				IST	2ND	3RD	4TH	OT1	OT2	OT3
1										
2										
3										
4										
5										
6										
7										
8										
9										
10										
11										
12										
13										
14										
15										
16										
17										
18										

TIME	CAP	TEAM	REMARKS	W-D

TIME	CAP	TEAM	REMARKS	W-D

TIME	CAP	TEAM	REMARKS	W-D

TIME	CAP	TEAM	REMARKS	W-D

RESULT	W	D
1ST		
2ND		
3RD		
4TH		
OT1		
OT2		
OT3		
TOTAL		

REFEREE 1 (PRINT)

REFEREE 1 (STGNATURE)

REFEREE 2 (PRINT)

REFEREE 2 (STGNATURE)

DATE: TIME: LOCATION: GAME:

TEAM:

CAP	NAME:	ATT	FOULS	GOALS BY PEROD						
				IST	2ND	3RD	4TH	OT1	OT2	OT3
1										
2										
3										
4										
5										
6										
7										
8										
9										
10										
11										
12										
13										
14										
15										
16										
17										
18										

TEAM:

CAP	NAME:	ATT	FOULS	GOALS BY PEROD						
				IST	2ND	3RD	4TH	OT1	OT2	OT3
1										
2										
3										
4										
5										
6										
7										
8										
9										
10										
11										
12										
13										
14										
15										
16										
17										
18										

TIME	CAP	TEAM	REMARKS	W-D

TIME	CAP	TEAM	REMARKS	W-D

TIME	CAP	TEAM	REMARKS	W-D

TIME	CAP	TEAM	REMARKS	W-D

RESULT	W	D
1ST		
2ND		
3RD		
4TH		
OT1		
OT2		
OT3		
TOTAL		

REFEREE 1 (PRINT)

REFEREE 1 (STGNATURE)

REFEREE 2 (PRINT)

REFEREE 2 (STGNATURE)

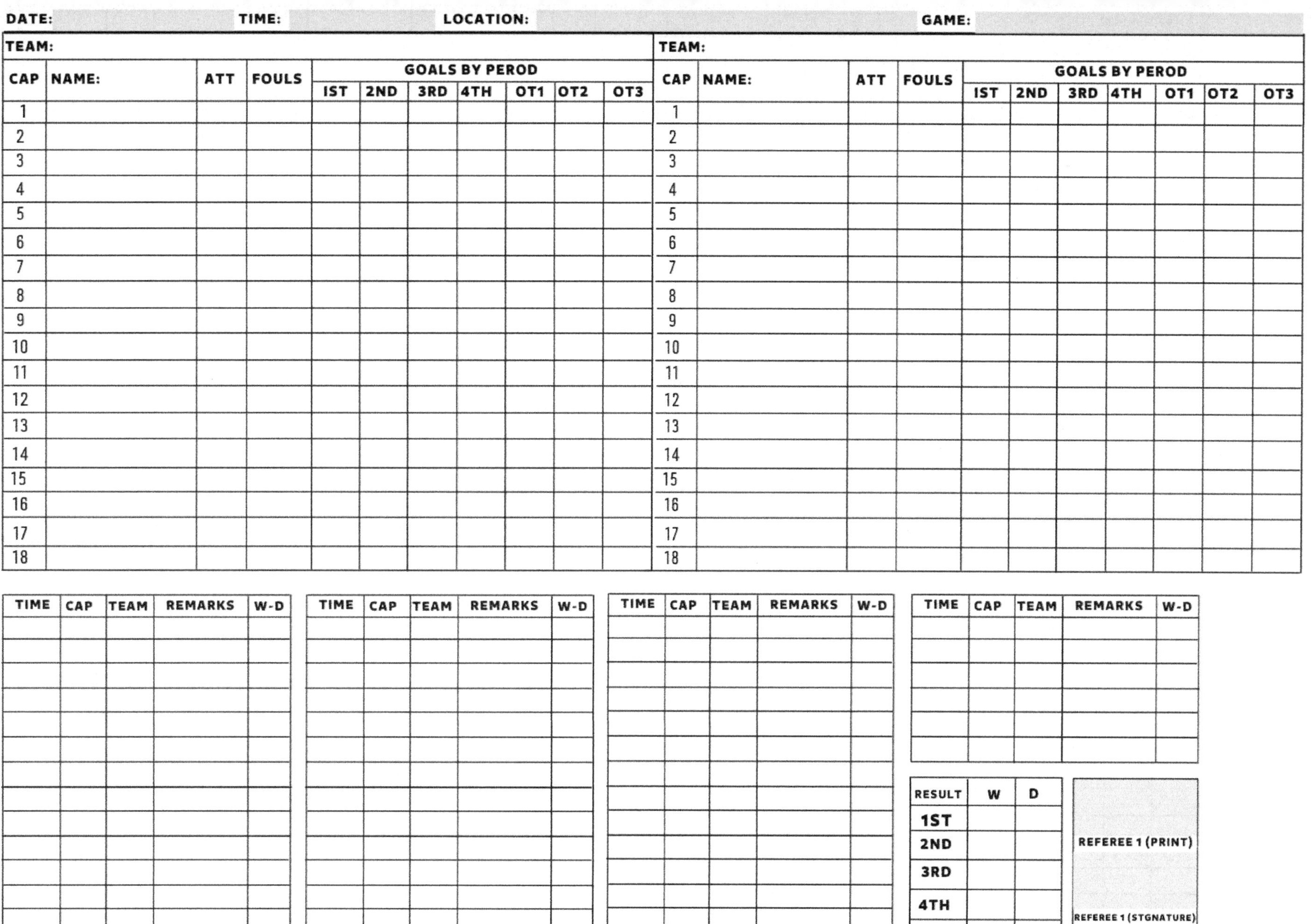

DATE: TIME: LOCATION: GAME:

TEAM:										
CAP	NAME:	ATT	FOULS	GOALS BY PEROD						
				IST	2ND	3RD	4TH	OT1	OT2	OT3
1										
2										
3										
4										
5										
6										
7										
8										
9										
10										
11										
12										
13										
14										
15										
16										
17										
18										

TEAM:										
CAP	NAME:	ATT	FOULS	GOALS BY PEROD						
				IST	2ND	3RD	4TH	OT1	OT2	OT3
1										
2										
3										
4										
5										
6										
7										
8										
9										
10										
11										
12										
13										
14										
15										
16										
17										
18										

TIME	CAP	TEAM	REMARKS	W-D

TIME	CAP	TEAM	REMARKS	W-D

TIME	CAP	TEAM	REMARKS	W-D

TIME	CAP	TEAM	REMARKS	W-D

RESULT	W	D
1ST		
2ND		
3RD		
4TH		
OT1		
OT2		
OT3		
TOTAL		

REFEREE 1 (PRINT)

REFEREE 1 (STGNATURE)

REFEREE 2 (PRINT)

REFEREE 2 (STGNATURE)

DATE: TIME: LOCATION: GAME:

TEAM:

CAP	NAME:	ATT	FOULS	GOALS BY PEROD						
				IST	2ND	3RD	4TH	OT1	OT2	OT3
1										
2										
3										
4										
5										
6										
7										
8										
9										
10										
11										
12										
13										
14										
15										
16										
17										
18										

TEAM:

CAP	NAME:	ATT	FOULS	GOALS BY PEROD						
				IST	2ND	3RD	4TH	OT1	OT2	OT3
1										
2										
3										
4										
5										
6										
7										
8										
9										
10										
11										
12										
13										
14										
15										
16										
17										
18										

TIME	CAP	TEAM	REMARKS	W-D

TIME	CAP	TEAM	REMARKS	W-D

TIME	CAP	TEAM	REMARKS	W-D

TIME	CAP	TEAM	REMARKS	W-D

RESULT	W	D
1ST		
2ND		
3RD		
4TH		
OT1		
OT2		
OT3		
TOTAL		

REFEREE 1 (PRINT)

REFEREE 1 (STGNATURE)

REFEREE 2 (PRINT)

REFEREE 2 (STGNATURE)

DATE: TIME: LOCATION: GAME:

TEAM:

CAP	NAME:	ATT	FOULS	GOALS BY PEROD						
				IST	2ND	3RD	4TH	OT1	OT2	OT3
1										
2										
3										
4										
5										
6										
7										
8										
9										
10										
11										
12										
13										
14										
15										
16										
17										
18										

TEAM:

CAP	NAME:	ATT	FOULS	GOALS BY PEROD						
				IST	2ND	3RD	4TH	OT1	OT2	OT3
1										
2										
3										
4										
5										
6										
7										
8										
9										
10										
11										
12										
13										
14										
15										
16										
17										
18										

TIME	CAP	TEAM	REMARKS	W-D

TIME	CAP	TEAM	REMARKS	W-D

TIME	CAP	TEAM	REMARKS	W-D

TIME	CAP	TEAM	REMARKS	W-D

RESULT	W	D
1ST		
2ND		
3RD		
4TH		
OT1		
OT2		
OT3		
TOTAL		

REFEREE 1 (PRINT)

REFEREE 1 (STGNATURE)

REFEREE 2 (PRINT)

REFEREE 2 (STGNATURE)

DATE: TIME: LOCATION: GAME:

TEAM:

CAP	NAME:	ATT	FOULS	GOALS BY PEROD						
				IST	2ND	3RD	4TH	OT1	OT2	OT3
1										
2										
3										
4										
5										
6										
7										
8										
9										
10										
11										
12										
13										
14										
15										
16										
17										
18										

TEAM:

CAP	NAME:	ATT	FOULS	GOALS BY PEROD						
				IST	2ND	3RD	4TH	OT1	OT2	OT3
1										
2										
3										
4										
5										
6										
7										
8										
9										
10										
11										
12										
13										
14										
15										
16										
17										
18										

TIME	CAP	TEAM	REMARKS	W-D

TIME	CAP	TEAM	REMARKS	W-D

TIME	CAP	TEAM	REMARKS	W-D

TIME	CAP	TEAM	REMARKS	W-D

RESULT	W	D
1ST		
2ND		
3RD		
4TH		
OT1		
OT2		
OT3		
TOTAL		

REFEREE 1 (PRINT)

REFEREE 1 (STGNATURE)

REFEREE 2 (PRINT)

REFEREE 2 (STGNATURE)

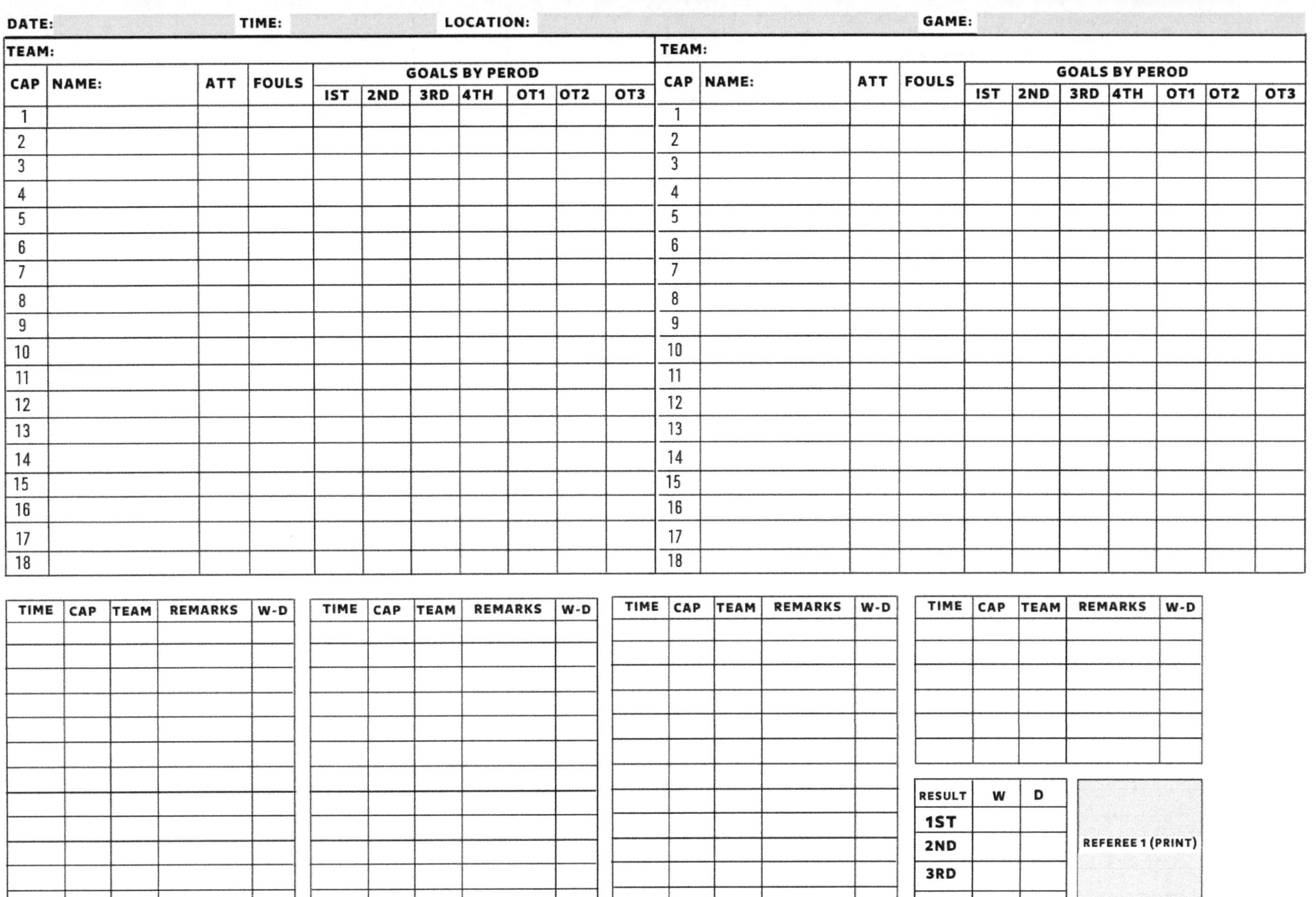

DATE: TIME: LOCATION: GAME:

TEAM:										
CAP	NAME:	ATT	FOULS	GOALS BY PEROD						
				IST	2ND	3RD	4TH	OT1	OT2	OT3
1										
2										
3										
4										
5										
6										
7										
8										
9										
10										
11										
12										
13										
14										
15										
16										
17										
18										

TEAM:										
CAP	NAME:	ATT	FOULS	GOALS BY PEROD						
				IST	2ND	3RD	4TH	OT1	OT2	OT3
1										
2										
3										
4										
5										
6										
7										
8										
9										
10										
11										
12										
13										
14										
15										
16										
17										
18										

TIME	CAP	TEAM	REMARKS	W-D

TIME	CAP	TEAM	REMARKS	W-D

TIME	CAP	TEAM	REMARKS	W-D

TIME	CAP	TEAM	REMARKS	W-D

RESULT	W	D
1ST		
2ND		
3RD		
4TH		
OT1		
OT2		
OT3		
TOTAL		

REFEREE 1 (PRINT)

REFEREE 1 (STGNATURE)

REFEREE 2 (PRINT)

REFEREE 2 (STGNATURE)

DATE: TIME: LOCATION: GAME:

TEAM:

CAP	NAME:	ATT	FOULS	GOALS BY PEROD						
				IST	2ND	3RD	4TH	OT1	OT2	OT3
1										
2										
3										
4										
5										
6										
7										
8										
9										
10										
11										
12										
13										
14										
15										
16										
17										
18										

TEAM:

CAP	NAME:	ATT	FOULS	GOALS BY PEROD						
				IST	2ND	3RD	4TH	OT1	OT2	OT3
1										
2										
3										
4										
5										
6										
7										
8										
9										
10										
11										
12										
13										
14										
15										
16										
17										
18										

TIME	CAP	TEAM	REMARKS	W-D

TIME	CAP	TEAM	REMARKS	W-D

TIME	CAP	TEAM	REMARKS	W-D

TIME	CAP	TEAM	REMARKS	W-D

RESULT	W	D
1ST		
2ND		
3RD		
4TH		
OT1		
OT2		
OT3		
TOTAL		

REFEREE 1 (PRINT)

REFEREE 1 (STGNATURE)

REFEREE 2 (PRINT)

REFEREE 2 (STGNATURE)

DATE: TIME: LOCATION: GAME:

TEAM:										
CAP	NAME:	ATT	FOULS	GOALS BY PEROD						
				IST	2ND	3RD	4TH	OT1	OT2	OT3
1										
2										
3										
4										
5										
6										
7										
8										
9										
10										
11										
12										
13										
14										
15										
16										
17										
18										

TEAM:										
CAP	NAME:	ATT	FOULS	GOALS BY PEROD						
				IST	2ND	3RD	4TH	OT1	OT2	OT3
1										
2										
3										
4										
5										
6										
7										
8										
9										
10										
11										
12										
13										
14										
15										
16										
17										
18										

TIME	CAP	TEAM	REMARKS	W-D

TIME	CAP	TEAM	REMARKS	W-D

TIME	CAP	TEAM	REMARKS	W-D

TIME	CAP	TEAM	REMARKS	W-D

RESULT	W	D
1ST		
2ND		
3RD		
4TH		
OT1		
OT2		
OT3		
TOTAL		

REFEREE 1 (PRINT)

REFEREE 1 (STGNATURE)

REFEREE 2 (PRINT)

REFEREE 2 (STGNATURE)

DATE: TIME: LOCATION: GAME:

TEAM:										
CAP	NAME:	ATT	FOULS	GOALS BY PEROD						
				IST	2ND	3RD	4TH	OT1	OT2	OT3
1										
2										
3										
4										
5										
6										
7										
8										
9										
10										
11										
12										
13										
14										
15										
16										
17										
18										

TEAM:										
CAP	NAME:	ATT	FOULS	GOALS BY PEROD						
				IST	2ND	3RD	4TH	OT1	OT2	OT3
1										
2										
3										
4										
5										
6										
7										
8										
9										
10										
11										
12										
13										
14										
15										
16										
17										
18										

TIME	CAP	TEAM	REMARKS	W-D

TIME	CAP	TEAM	REMARKS	W-D

TIME	CAP	TEAM	REMARKS	W-D

TIME	CAP	TEAM	REMARKS	W-D

RESULT	W	D
1ST		
2ND		
3RD		
4TH		
OT1		
OT2		
OT3		
TOTAL		

REFEREE 1 (PRINT)

REFEREE 1 (STGNATURE)

REFEREE 2 (PRINT)

REFEREE 2 (STGNATURE)

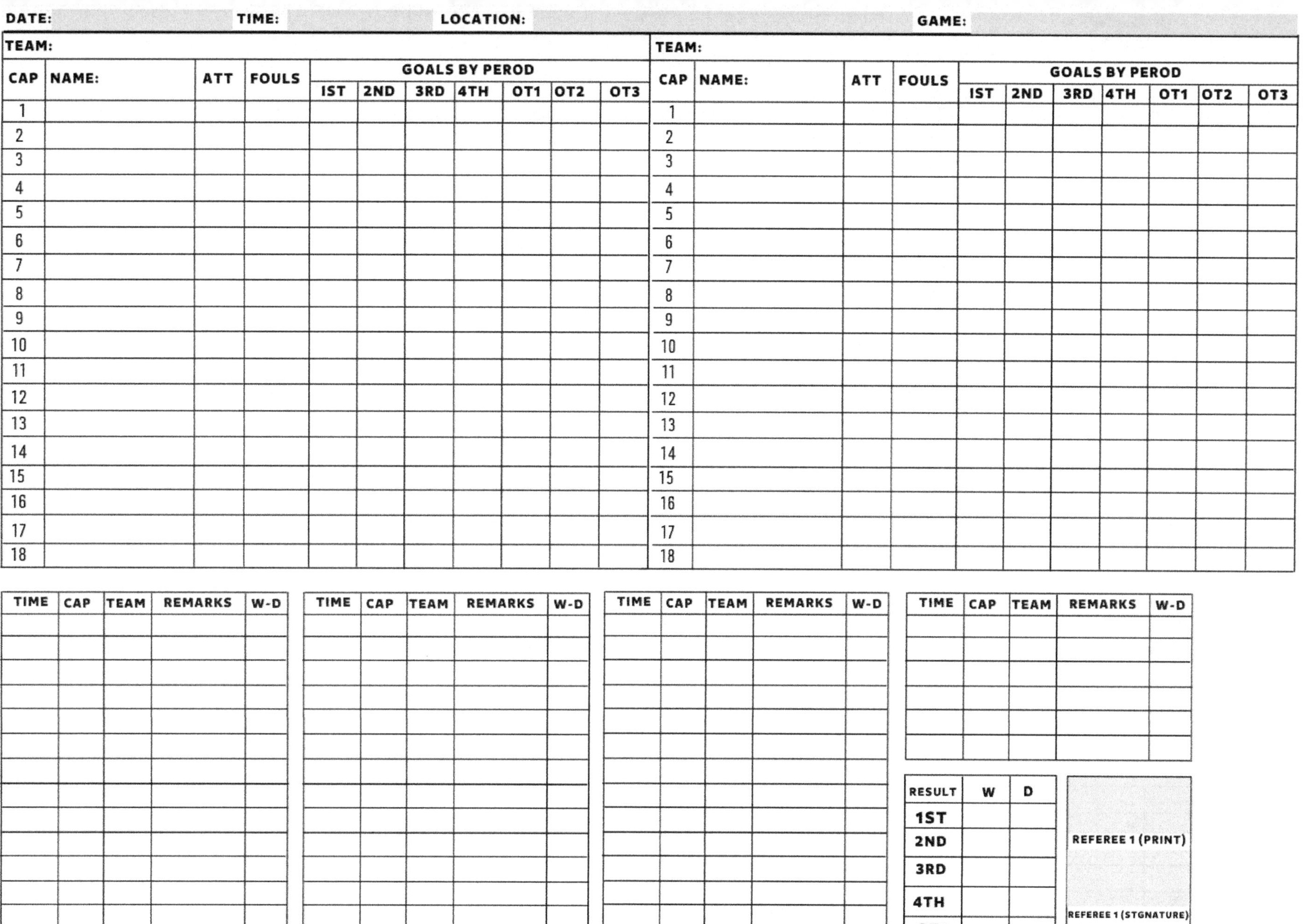

DATE: TIME: LOCATION: GAME:

TEAM:

CAP	NAME:	ATT	FOULS	GOALS BY PEROD						
				IST	2ND	3RD	4TH	OT1	OT2	OT3
1										
2										
3										
4										
5										
6										
7										
8										
9										
10										
11										
12										
13										
14										
15										
16										
17										
18										

TEAM:

CAP	NAME:	ATT	FOULS	GOALS BY PEROD						
				IST	2ND	3RD	4TH	OT1	OT2	OT3
1										
2										
3										
4										
5										
6										
7										
8										
9										
10										
11										
12										
13										
14										
15										
16										
17										
18										

TIME	CAP	TEAM	REMARKS	W-D

TIME	CAP	TEAM	REMARKS	W-D

TIME	CAP	TEAM	REMARKS	W-D

TIME	CAP	TEAM	REMARKS	W-D

RESULT	W	D
1ST		
2ND		
3RD		
4TH		
OT1		
OT2		
OT3		
TOTAL		

REFEREE 1 (PRINT)

REFEREE 1 (STGNATURE)

REFEREE 2 (PRINT)

REFEREE 2 (STGNATURE)

DATE: TIME: LOCATION: GAME:

TEAM:										
CAP	NAME:	ATT	FOULS	GOALS BY PEROD						
				IST	2ND	3RD	4TH	OT1	OT2	OT3
1										
2										
3										
4										
5										
6										
7										
8										
9										
10										
11										
12										
13										
14										
15										
16										
17										
18										

TEAM:										
CAP	NAME:	ATT	FOULS	GOALS BY PEROD						
				IST	2ND	3RD	4TH	OT1	OT2	OT3
1										
2										
3										
4										
5										
6										
7										
8										
9										
10										
11										
12										
13										
14										
15										
16										
17										
18										

TIME	CAP	TEAM	REMARKS	W-D

TIME	CAP	TEAM	REMARKS	W-D

TIME	CAP	TEAM	REMARKS	W-D

TIME	CAP	TEAM	REMARKS	W-D

RESULT	W	D
1ST		
2ND		
3RD		
4TH		
OT1		
OT2		
OT3		
TOTAL		

REFEREE 1 (PRINT)

REFEREE 1 (STGNATURE)

REFEREE 2 (PRINT)

REFEREE 2 (STGNATURE)

DATE: TIME: LOCATION: GAME:

TEAM:										
CAP	NAME:	ATT	FOULS	GOALS BY PEROD						
				IST	2ND	3RD	4TH	OT1	OT2	OT3
1										
2										
3										
4										
5										
6										
7										
8										
9										
10										
11										
12										
13										
14										
15										
16										
17										
18										

TEAM:										
CAP	NAME:	ATT	FOULS	GOALS BY PEROD						
				IST	2ND	3RD	4TH	OT1	OT2	OT3
1										
2										
3										
4										
5										
6										
7										
8										
9										
10										
11										
12										
13										
14										
15										
16										
17										
18										

TIME	CAP	TEAM	REMARKS	W-D

TIME	CAP	TEAM	REMARKS	W-D

TIME	CAP	TEAM	REMARKS	W-D

TIME	CAP	TEAM	REMARKS	W-D

RESULT	W	D
1ST		
2ND		
3RD		
4TH		
OT1		
OT2		
OT3		
TOTAL		

REFEREE 1 (PRINT)

REFEREE 1 (STGNATURE)

REFEREE 2 (PRINT)

REFEREE 2 (STGNATURE)

DATE: TIME: LOCATION: GAME:

TEAM:										
CAP	NAME:	ATT	FOULS	GOALS BY PEROD						
				IST	2ND	3RD	4TH	OT1	OT2	OT3
1										
2										
3										
4										
5										
6										
7										
8										
9										
10										
11										
12										
13										
14										
15										
16										
17										
18										

TEAM:										
CAP	NAME:	ATT	FOULS	GOALS BY PEROD						
				IST	2ND	3RD	4TH	OT1	OT2	OT3
1										
2										
3										
4										
5										
6										
7										
8										
9										
10										
11										
12										
13										
14										
15										
16										
17										
18										

TIME	CAP	TEAM	REMARKS	W-D

TIME	CAP	TEAM	REMARKS	W-D

TIME	CAP	TEAM	REMARKS	W-D

TIME	CAP	TEAM	REMARKS	W-D

RESULT	W	D
1ST		
2ND		
3RD		
4TH		
OT1		
OT2		
OT3		
TOTAL		

REFEREE 1 (PRINT)

REFEREE 1 (STGNATURE)

REFEREE 2 (PRINT)

REFEREE 2 (STGNATURE)

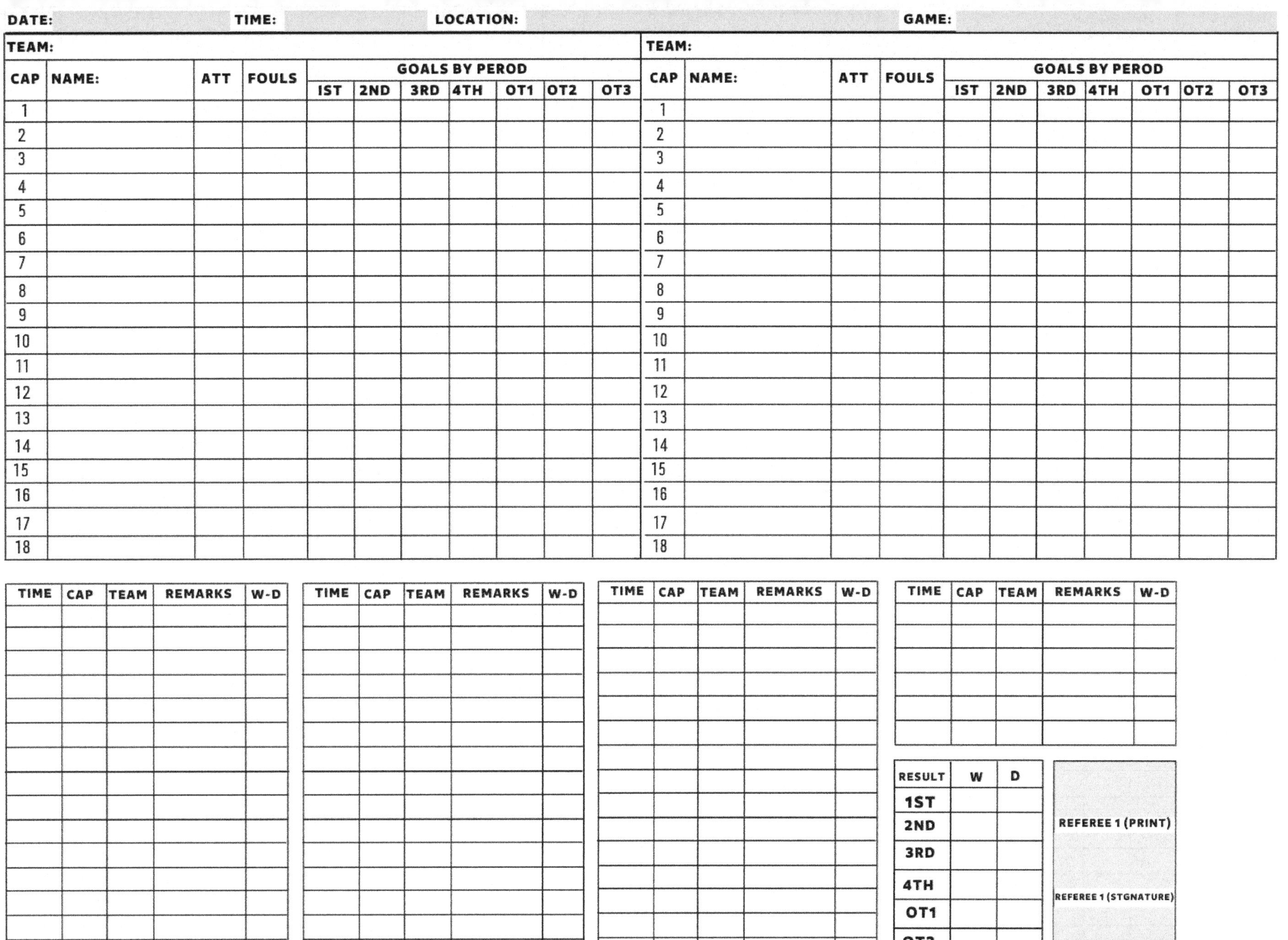

DATE: TIME: LOCATION: GAME:

TEAM:										
CAP	NAME:	ATT	FOULS	GOALS BY PEROD						
				IST	2ND	3RD	4TH	OT1	OT2	OT3
1										
2										
3										
4										
5										
6										
7										
8										
9										
10										
11										
12										
13										
14										
15										
16										
17										
18										

TEAM:										
CAP	NAME:	ATT	FOULS	GOALS BY PEROD						
				IST	2ND	3RD	4TH	OT1	OT2	OT3
1										
2										
3										
4										
5										
6										
7										
8										
9										
10										
11										
12										
13										
14										
15										
16										
17										
18										

TIME	CAP	TEAM	REMARKS	W-D

TIME	CAP	TEAM	REMARKS	W-D

TIME	CAP	TEAM	REMARKS	W-D

TIME	CAP	TEAM	REMARKS	W-D

RESULT	W	D
1ST		
2ND		
3RD		
4TH		
OT1		
OT2		
OT3		
TOTAL		

REFEREE 1 (PRINT)

REFEREE 1 (STGNATURE)

REFEREE 2 (PRINT)

REFEREE 2 (STGNATURE)

DATE: TIME: LOCATION: GAME:

TEAM:										
CAP	NAME:	ATT	FOULS	GOALS BY PEROD						
				IST	2ND	3RD	4TH	OT1	OT2	OT3
1										
2										
3										
4										
5										
6										
7										
8										
9										
10										
11										
12										
13										
14										
15										
16										
17										
18										

TEAM:										
CAP	NAME:	ATT	FOULS	GOALS BY PEROD						
				IST	2ND	3RD	4TH	OT1	OT2	OT3
1										
2										
3										
4										
5										
6										
7										
8										
9										
10										
11										
12										
13										
14										
15										
16										
17										
18										

TIME	CAP	TEAM	REMARKS	W-D

TIME	CAP	TEAM	REMARKS	W-D

TIME	CAP	TEAM	REMARKS	W-D

TIME	CAP	TEAM	REMARKS	W-D

RESULT	W	D
1ST		
2ND		
3RD		
4TH		
OT1		
OT2		
OT3		
TOTAL		

REFEREE 1 (PRINT)

REFEREE 1 (STGNATURE)

REFEREE 2 (PRINT)

REFEREE 2 (STGNATURE)

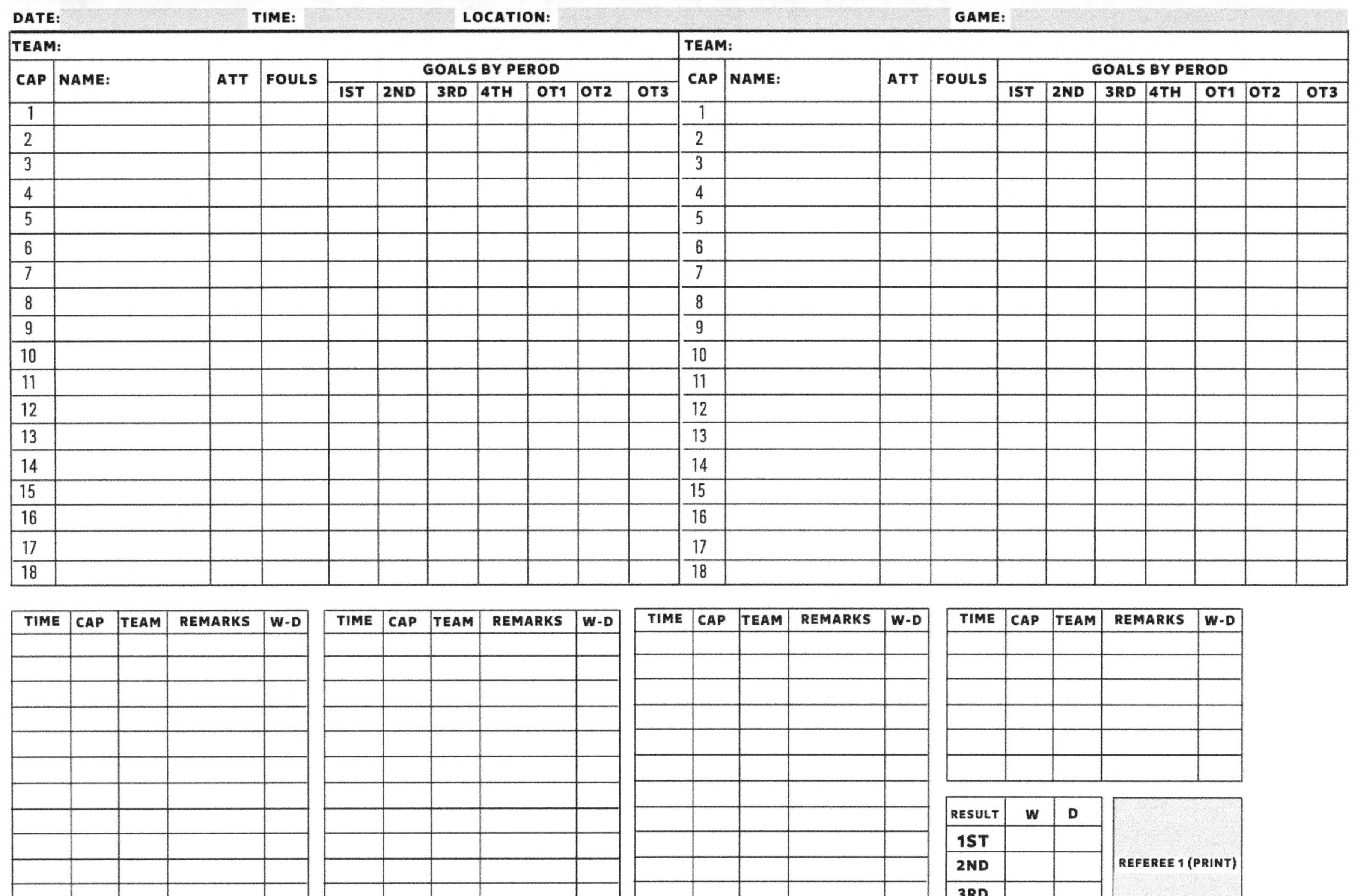

DATE: TIME: LOCATION: GAME:

TEAM:

CAP	NAME:	ATT	FOULS	GOALS BY PEROD						
				IST	2ND	3RD	4TH	OT1	OT2	OT3
1										
2										
3										
4										
5										
6										
7										
8										
9										
10										
11										
12										
13										
14										
15										
16										
17										
18										

TEAM:

CAP	NAME:	ATT	FOULS	GOALS BY PEROD						
				IST	2ND	3RD	4TH	OT1	OT2	OT3
1										
2										
3										
4										
5										
6										
7										
8										
9										
10										
11										
12										
13										
14										
15										
16										
17										
18										

TIME	CAP	TEAM	REMARKS	W-D

TIME	CAP	TEAM	REMARKS	W-D

TIME	CAP	TEAM	REMARKS	W-D

TIME	CAP	TEAM	REMARKS	W-D

RESULT	W	D
1ST		
2ND		
3RD		
4TH		
OT1		
OT2		
OT3		
TOTAL		

REFEREE 1 (PRINT)

REFEREE 1 (STGNATURE)

REFEREE 2 (PRINT)

REFEREE 2 (STGNATURE)

DATE: TIME: LOCATION: GAME:

TEAM:

CAP	NAME:	ATT	FOULS	GOALS BY PEROD						
				IST	2ND	3RD	4TH	OT1	OT2	OT3
1										
2										
3										
4										
5										
6										
7										
8										
9										
10										
11										
12										
13										
14										
15										
16										
17										
18										

TEAM:

CAP	NAME:	ATT	FOULS	GOALS BY PEROD						
				IST	2ND	3RD	4TH	OT1	OT2	OT3
1										
2										
3										
4										
5										
6										
7										
8										
9										
10										
11										
12										
13										
14										
15										
16										
17										
18										

TIME	CAP	TEAM	REMARKS	W-D

TIME	CAP	TEAM	REMARKS	W-D

TIME	CAP	TEAM	REMARKS	W-D

TIME	CAP	TEAM	REMARKS	W-D

RESULT	W	D
1ST		
2ND		
3RD		
4TH		
OT1		
OT2		
OT3		
TOTAL		

REFEREE 1 (PRINT)

REFEREE 1 (STGNATURE)

REFEREE 2 (PRINT)

REFEREE 2 (STGNATURE)

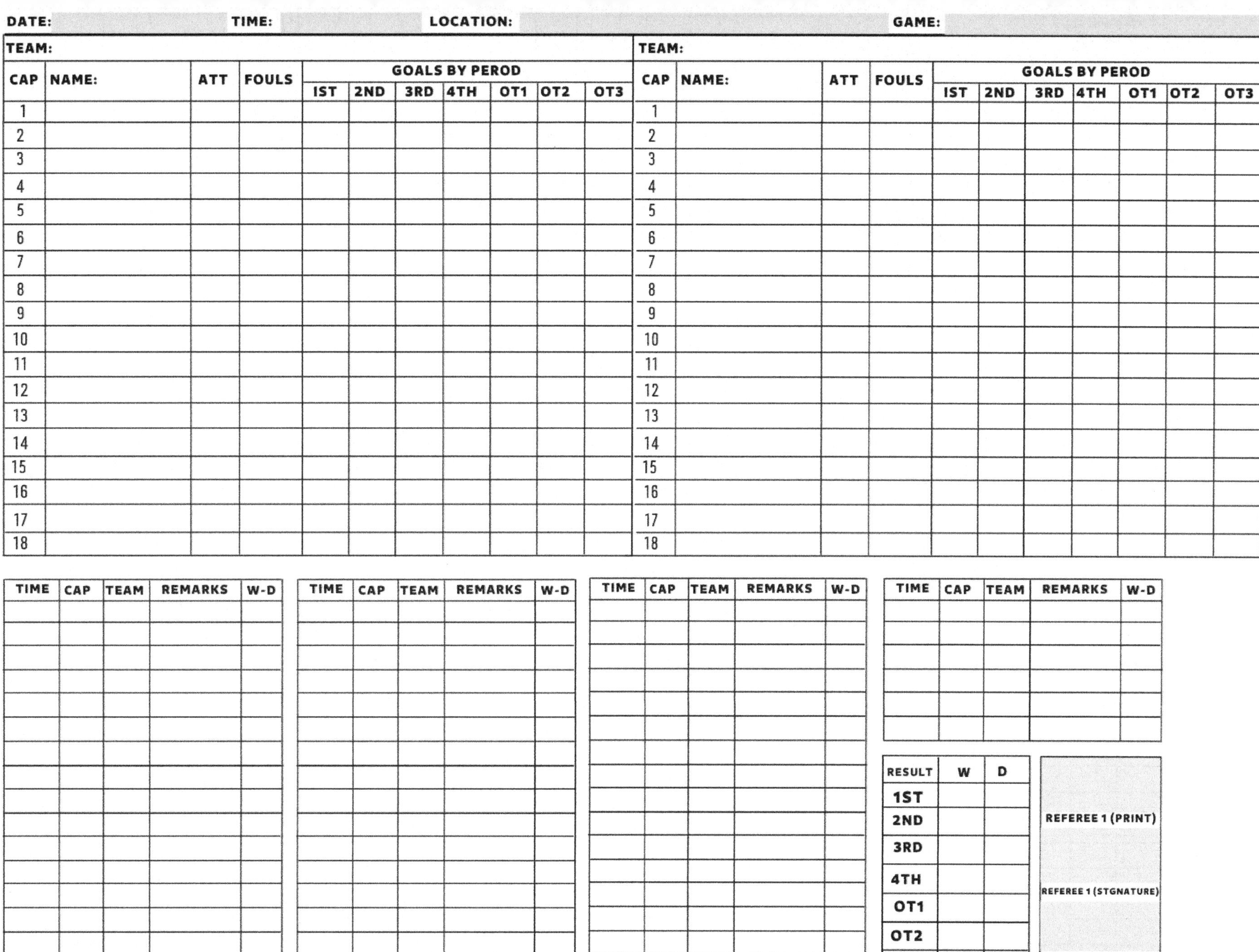

DATE: TIME: LOCATION: GAME:

TEAM:										
CAP	NAME:	ATT	FOULS	GOALS BY PEROD						
				IST	2ND	3RD	4TH	OT1	OT2	OT3
1										
2										
3										
4										
5										
6										
7										
8										
9										
10										
11										
12										
13										
14										
15										
16										
17										
18										

TEAM:										
CAP	NAME:	ATT	FOULS	GOALS BY PEROD						
				IST	2ND	3RD	4TH	OT1	OT2	OT3
1										
2										
3										
4										
5										
6										
7										
8										
9										
10										
11										
12										
13										
14										
15										
16										
17										
18										

TIME	CAP	TEAM	REMARKS	W-D

TIME	CAP	TEAM	REMARKS	W-D

TIME	CAP	TEAM	REMARKS	W-D

TIME	CAP	TEAM	REMARKS	W-D

RESULT	W	D
1ST		
2ND		
3RD		
4TH		
OT1		
OT2		
OT3		
TOTAL		

REFEREE 1 (PRINT)

REFEREE 1 (STGNATURE)

REFEREE 2 (PRINT)

REFEREE 2 (STGNATURE)

DATE: TIME: LOCATION: GAME:

TEAM:

CAP	NAME:	ATT	FOULS	GOALS BY PEROD						
				IST	2ND	3RD	4TH	OT1	OT2	OT3
1										
2										
3										
4										
5										
6										
7										
8										
9										
10										
11										
12										
13										
14										
15										
16										
17										
18										

TEAM:

CAP	NAME:	ATT	FOULS	GOALS BY PEROD						
				IST	2ND	3RD	4TH	OT1	OT2	OT3
1										
2										
3										
4										
5										
6										
7										
8										
9										
10										
11										
12										
13										
14										
15										
16										
17										
18										

TIME	CAP	TEAM	REMARKS	W-D

TIME	CAP	TEAM	REMARKS	W-D

TIME	CAP	TEAM	REMARKS	W-D

TIME	CAP	TEAM	REMARKS	W-D

RESULT	W	D
1ST		
2ND		
3RD		
4TH		
OT1		
OT2		
OT3		
TOTAL		

REFEREE 1 (PRINT)

REFEREE 1 (STGNATURE)

REFEREE 2 (PRINT)

REFEREE 2 (STGNATURE)

DATE: TIME: LOCATION: GAME:

TEAM:

CAP	NAME:	ATT	FOULS	GOALS BY PEROD						
				IST	2ND	3RD	4TH	OT1	OT2	OT3
1										
2										
3										
4										
5										
6										
7										
8										
9										
10										
11										
12										
13										
14										
15										
16										
17										
18										

TEAM:

CAP	NAME:	ATT	FOULS	GOALS BY PEROD						
				IST	2ND	3RD	4TH	OT1	OT2	OT3
1										
2										
3										
4										
5										
6										
7										
8										
9										
10										
11										
12										
13										
14										
15										
16										
17										
18										

TIME	CAP	TEAM	REMARKS	W-D

TIME	CAP	TEAM	REMARKS	W-D

TIME	CAP	TEAM	REMARKS	W-D

TIME	CAP	TEAM	REMARKS	W-D

RESULT	W	D
1ST		
2ND		
3RD		
4TH		
OT1		
OT2		
OT3		
TOTAL		

REFEREE 1 (PRINT)

REFEREE 1 (STGNATURE)

REFEREE 2 (PRINT)

REFEREE 2 (STGNATURE)

DATE: | TIME: | LOCATION: | GAME:

TEAM:										
CAP	NAME:	ATT	FOULS	GOALS BY PEROD						
				IST	2ND	3RD	4TH	OT1	OT2	OT3
1										
2										
3										
4										
5										
6										
7										
8										
9										
10										
11										
12										
13										
14										
15										
16										
17										
18										

TEAM:										
CAP	NAME:	ATT	FOULS	GOALS BY PEROD						
				IST	2ND	3RD	4TH	OT1	OT2	OT3
1										
2										
3										
4										
5										
6										
7										
8										
9										
10										
11										
12										
13										
14										
15										
16										
17										
18										

TIME	CAP	TEAM	REMARKS	W-D

TIME	CAP	TEAM	REMARKS	W-D

TIME	CAP	TEAM	REMARKS	W-D

TIME	CAP	TEAM	REMARKS	W-D

RESULT	W	D
1ST		
2ND		
3RD		
4TH		
OT1		
OT2		
OT3		
TOTAL		

REFEREE 1 (PRINT)

REFEREE 1 (STGNATURE)

REFEREE 2 (PRINT)

REFEREE 2 (STGNATURE)

DATE: **TIME:** **LOCATION:** **GAME:**

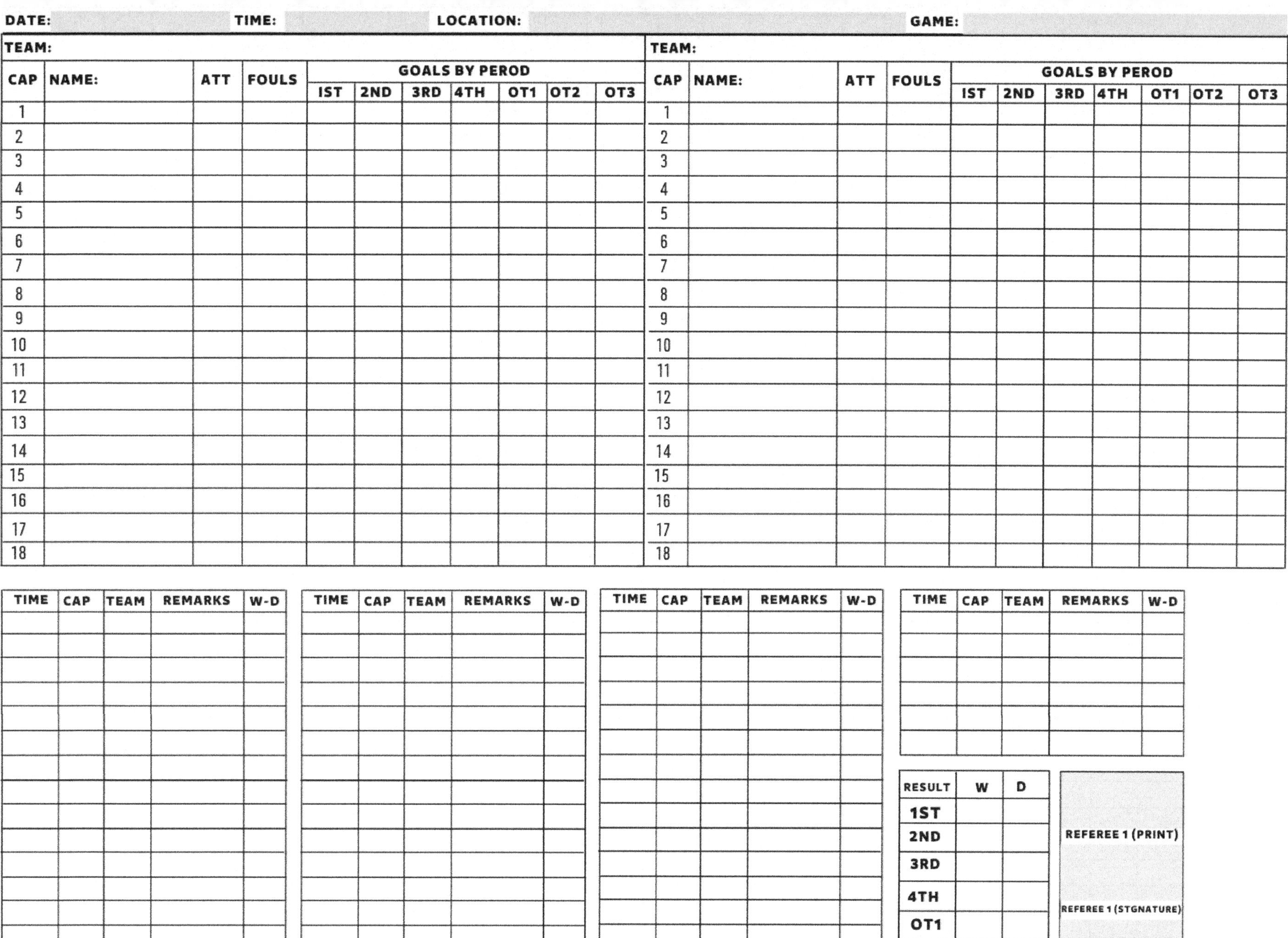

TEAM:										
CAP	NAME:	ATT	FOULS	GOALS BY PEROD						
				IST	2ND	3RD	4TH	OT1	OT2	OT3
1										
2										
3										
4										
5										
6										
7										
8										
9										
10										
11										
12										
13										
14										
15										
16										
17										
18										

TEAM:										
CAP	NAME:	ATT	FOULS	GOALS BY PEROD						
				IST	2ND	3RD	4TH	OT1	OT2	OT3
1										
2										
3										
4										
5										
6										
7										
8										
9										
10										
11										
12										
13										
14										
15										
16										
17										
18										

TIME	CAP	TEAM	REMARKS	W-D

TIME	CAP	TEAM	REMARKS	W-D

TIME	CAP	TEAM	REMARKS	W-D

TIME	CAP	TEAM	REMARKS	W-D

RESULT	W	D
1ST		
2ND		
3RD		
4TH		
OT1		
OT2		
OT3		
TOTAL		

REFEREE 1 (PRINT)

REFEREE 1 (STGNATURE)

REFEREE 2 (PRINT)

REFEREE 2 (STGNATURE)

DATE: TIME: LOCATION: GAME:

TEAM:										
CAP	NAME:	ATT	FOULS	GOALS BY PEROD						
				IST	2ND	3RD	4TH	OT1	OT2	OT3
1										
2										
3										
4										
5										
6										
7										
8										
9										
10										
11										
12										
13										
14										
15										
16										
17										
18										

TEAM:										
CAP	NAME:	ATT	FOULS	GOALS BY PEROD						
				IST	2ND	3RD	4TH	OT1	OT2	OT3
1										
2										
3										
4										
5										
6										
7										
8										
9										
10										
11										
12										
13										
14										
15										
16										
17										
18										

TIME	CAP	TEAM	REMARKS	W-D

TIME	CAP	TEAM	REMARKS	W-D

TIME	CAP	TEAM	REMARKS	W-D

TIME	CAP	TEAM	REMARKS	W-D

RESULT	W	D
1ST		
2ND		
3RD		
4TH		
OT1		
OT2		
OT3		
TOTAL		

REFEREE 1 (PRINT)

REFEREE 1 (STGNATURE)

REFEREE 2 (PRINT)

REFEREE 2 (STGNATURE)

DATE: TIME: LOCATION: GAME:

TEAM:										
CAP	NAME:	ATT	FOULS	GOALS BY PEROD						
				IST	2ND	3RD	4TH	OT1	OT2	OT3
1										
2										
3										
4										
5										
6										
7										
8										
9										
10										
11										
12										
13										
14										
15										
16										
17										
18										

TEAM:										
CAP	NAME:	ATT	FOULS	GOALS BY PEROD						
				IST	2ND	3RD	4TH	OT1	OT2	OT3
1										
2										
3										
4										
5										
6										
7										
8										
9										
10										
11										
12										
13										
14										
15										
16										
17										
18										

TIME	CAP	TEAM	REMARKS	W-D

TIME	CAP	TEAM	REMARKS	W-D

TIME	CAP	TEAM	REMARKS	W-D

TIME	CAP	TEAM	REMARKS	W-D

RESULT	W	D
1ST		
2ND		
3RD		
4TH		
OT1		
OT2		
OT3		
TOTAL		

REFEREE 1 (PRINT)

REFEREE 1 (STGNATURE)

REFEREE 2 (PRINT)

REFEREE 2 (STGNATURE)

DATE: TIME: LOCATION: GAME:

TEAM:

CAP	NAME:	ATT	FOULS	GOALS BY PEROD						
				IST	2ND	3RD	4TH	OT1	OT2	OT3
1										
2										
3										
4										
5										
6										
7										
8										
9										
10										
11										
12										
13										
14										
15										
16										
17										
18										

TEAM:

CAP	NAME:	ATT	FOULS	GOALS BY PEROD						
				IST	2ND	3RD	4TH	OT1	OT2	OT3
1										
2										
3										
4										
5										
6										
7										
8										
9										
10										
11										
12										
13										
14										
15										
16										
17										
18										

TIME	CAP	TEAM	REMARKS	W-D

TIME	CAP	TEAM	REMARKS	W-D

TIME	CAP	TEAM	REMARKS	W-D

TIME	CAP	TEAM	REMARKS	W-D

RESULT	W	D
1ST		
2ND		
3RD		
4TH		
OT1		
OT2		
OT3		
TOTAL		

REFEREE 1 (PRINT)

REFEREE 1 (STGNATURE)

REFEREE 2 (PRINT)

REFEREE 2 (STGNATURE)

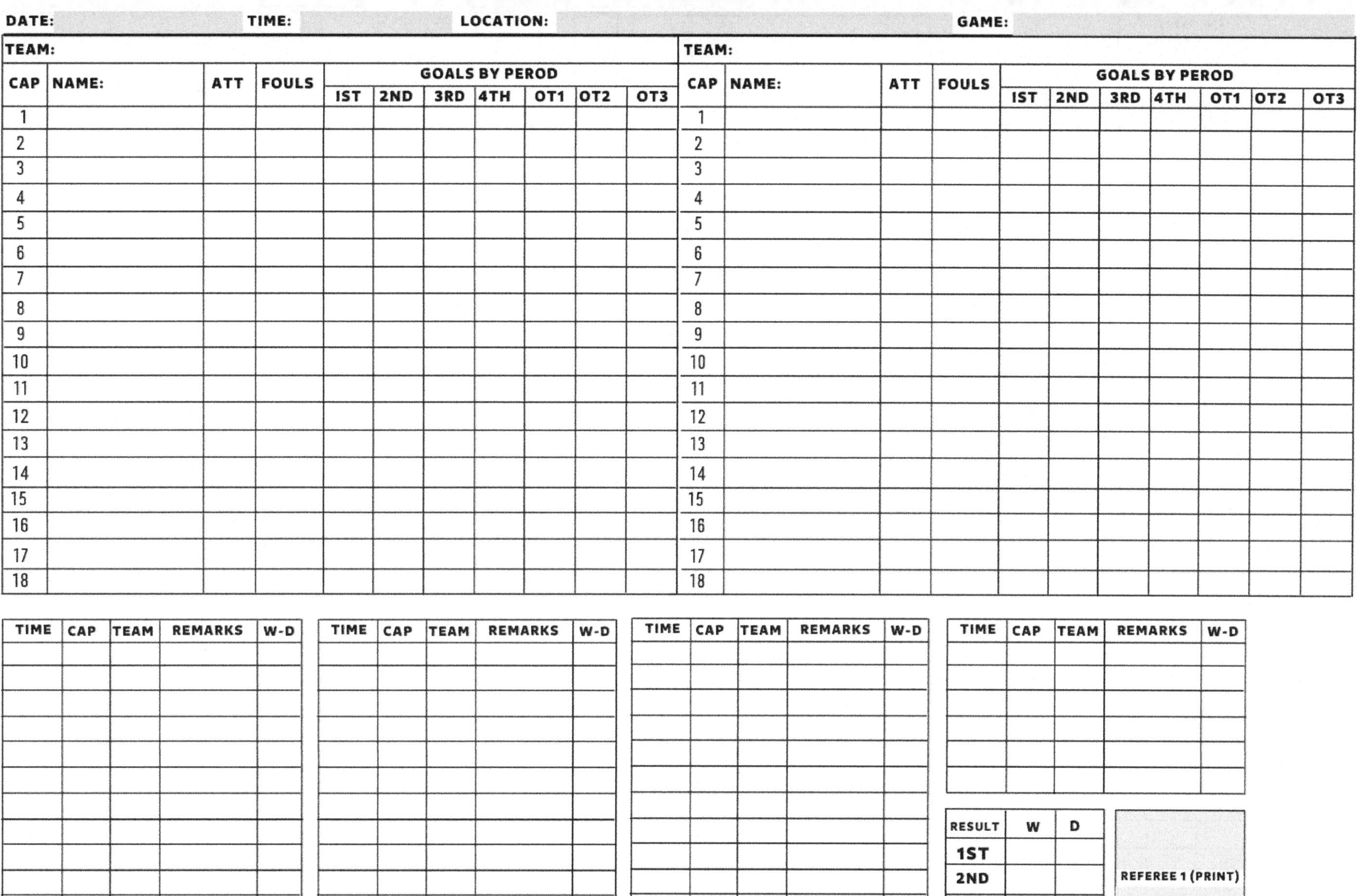

DATE: TIME: LOCATION: GAME:

TEAM:										
CAP	NAME:	ATT	FOULS	GOALS BY PEROD						
				IST	2ND	3RD	4TH	OT1	OT2	OT3
1										
2										
3										
4										
5										
6										
7										
8										
9										
10										
11										
12										
13										
14										
15										
16										
17										
18										

TEAM:										
CAP	NAME:	ATT	FOULS	GOALS BY PEROD						
				IST	2ND	3RD	4TH	OT1	OT2	OT3
1										
2										
3										
4										
5										
6										
7										
8										
9										
10										
11										
12										
13										
14										
15										
16										
17										
18										

TIME	CAP	TEAM	REMARKS	W-D

TIME	CAP	TEAM	REMARKS	W-D

TIME	CAP	TEAM	REMARKS	W-D

TIME	CAP	TEAM	REMARKS	W-D

RESULT	W	D
1ST		
2ND		
3RD		
4TH		
OT1		
OT2		
OT3		
TOTAL		

REFEREE 1 (PRINT)

REFEREE 1 (STGNATURE)

REFEREE 2 (PRINT)

REFEREE 2 (STGNATURE)

DATE: TIME: LOCATION: GAME:

TEAM:

CAP	NAME:	ATT	FOULS	GOALS BY PEROD						
				IST	2ND	3RD	4TH	OT1	OT2	OT3
1										
2										
3										
4										
5										
6										
7										
8										
9										
10										
11										
12										
13										
14										
15										
16										
17										
18										

TEAM:

CAP	NAME:	ATT	FOULS	GOALS BY PEROD						
				IST	2ND	3RD	4TH	OT1	OT2	OT3
1										
2										
3										
4										
5										
6										
7										
8										
9										
10										
11										
12										
13										
14										
15										
16										
17										
18										

TIME	CAP	TEAM	REMARKS	W-D

TIME	CAP	TEAM	REMARKS	W-D

TIME	CAP	TEAM	REMARKS	W-D

TIME	CAP	TEAM	REMARKS	W-D

RESULT	W	D
1ST		
2ND		
3RD		
4TH		
OT1		
OT2		
OT3		
TOTAL		

REFEREE 1 (PRINT)

REFEREE 1 (STGNATURE)

REFEREE 2 (PRINT)

REFEREE 2 (STGNATURE)

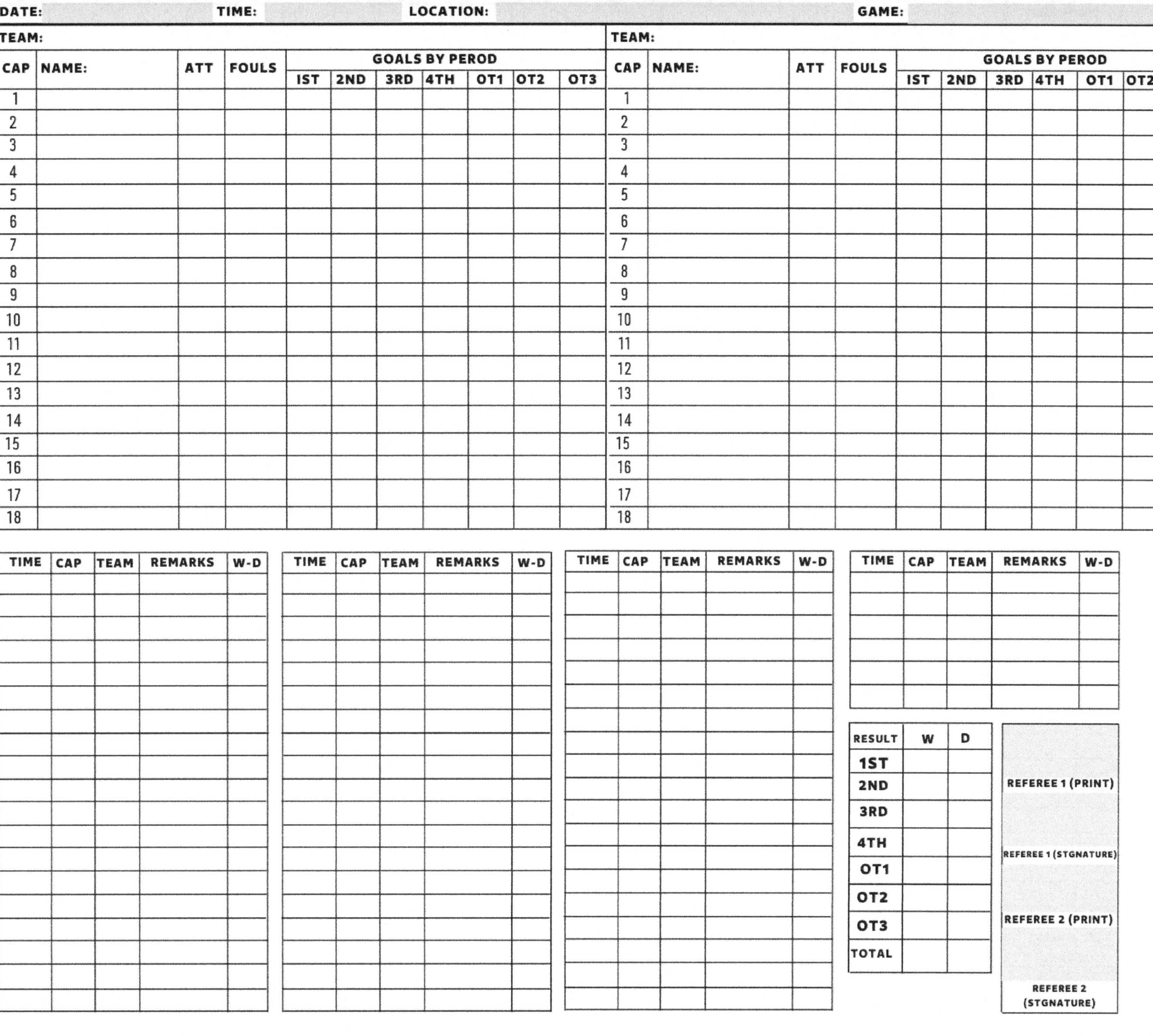

DATE: TIME: LOCATION: GAME:

TEAM:

CAP	NAME:	ATT	FOULS	GOALS BY PEROD						
				IST	2ND	3RD	4TH	OT1	OT2	OT3
1										
2										
3										
4										
5										
6										
7										
8										
9										
10										
11										
12										
13										
14										
15										
16										
17										
18										

TEAM:

CAP	NAME:	ATT	FOULS	GOALS BY PEROD						
				IST	2ND	3RD	4TH	OT1	OT2	OT3
1										
2										
3										
4										
5										
6										
7										
8										
9										
10										
11										
12										
13										
14										
15										
16										
17										
18										

TIME	CAP	TEAM	REMARKS	W-D

TIME	CAP	TEAM	REMARKS	W-D

TIME	CAP	TEAM	REMARKS	W-D

TIME	CAP	TEAM	REMARKS	W-D

RESULT	W	D
1ST		
2ND		
3RD		
4TH		
OT1		
OT2		
OT3		
TOTAL		

REFEREE 1 (PRINT)

REFEREE 1 (STGNATURE)

REFEREE 2 (PRINT)

REFEREE 2 (STGNATURE)

DATE: TIME: LOCATION: GAME:

TEAM:										
CAP	NAME:	ATT	FOULS	GOALS BY PEROD						
				IST	2ND	3RD	4TH	OT1	OT2	OT3
1										
2										
3										
4										
5										
6										
7										
8										
9										
10										
11										
12										
13										
14										
15										
16										
17										
18										

TEAM:										
CAP	NAME:	ATT	FOULS	GOALS BY PEROD						
				IST	2ND	3RD	4TH	OT1	OT2	OT3
1										
2										
3										
4										
5										
6										
7										
8										
9										
10										
11										
12										
13										
14										
15										
16										
17										
18										

TIME	CAP	TEAM	REMARKS	W-D

TIME	CAP	TEAM	REMARKS	W-D

TIME	CAP	TEAM	REMARKS	W-D

TIME	CAP	TEAM	REMARKS	W-D

RESULT	W	D
1ST		
2ND		
3RD		
4TH		
OT1		
OT2		
OT3		
TOTAL		

REFEREE 1 (PRINT)

REFEREE 1 (STGNATURE)

REFEREE 2 (PRINT)

REFEREE 2 (STGNATURE)

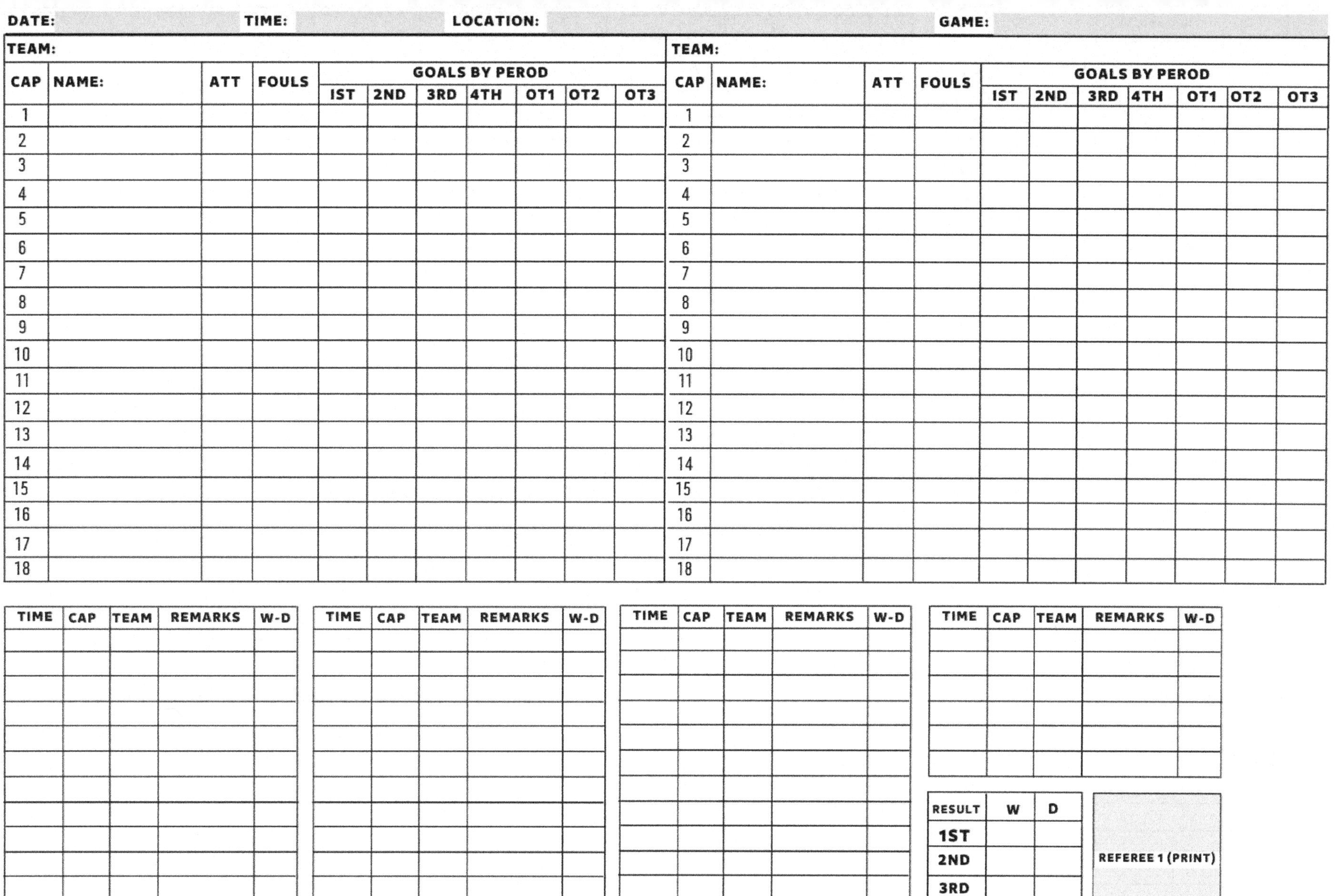

DATE: **TIME:** **LOCATION:** **GAME:**

TEAM:

CAP	NAME:	ATT	FOULS	GOALS BY PEROD						
				IST	2ND	3RD	4TH	OT1	OT2	OT3
1										
2										
3										
4										
5										
6										
7										
8										
9										
10										
11										
12										
13										
14										
15										
16										
17										
18										

TEAM:

CAP	NAME:	ATT	FOULS	GOALS BY PEROD						
				IST	2ND	3RD	4TH	OT1	OT2	OT3
1										
2										
3										
4										
5										
6										
7										
8										
9										
10										
11										
12										
13										
14										
15										
16										
17										
18										

TIME	CAP	TEAM	REMARKS	W-D

TIME	CAP	TEAM	REMARKS	W-D

TIME	CAP	TEAM	REMARKS	W-D

TIME	CAP	TEAM	REMARKS	W-D

RESULT	W	D
1ST		
2ND		
3RD		
4TH		
OT1		
OT2		
OT3		
TOTAL		

REFEREE 1 (PRINT)

REFEREE 1 (STGNATURE)

REFEREE 2 (PRINT)

REFEREE 2 (STGNATURE)

DATE: **TIME:** **LOCATION:** **GAME:**

TEAM:										
CAP	NAME:	ATT	FOULS	GOALS BY PEROD						
				IST	2ND	3RD	4TH	OT1	OT2	OT3
1										
2										
3										
4										
5										
6										
7										
8										
9										
10										
11										
12										
13										
14										
15										
16										
17										
18										

TEAM:										
CAP	NAME:	ATT	FOULS	GOALS BY PEROD						
				IST	2ND	3RD	4TH	OT1	OT2	OT3
1										
2										
3										
4										
5										
6										
7										
8										
9										
10										
11										
12										
13										
14										
15										
16										
17										
18										

TIME	CAP	TEAM	REMARKS	W-D

TIME	CAP	TEAM	REMARKS	W-D

TIME	CAP	TEAM	REMARKS	W-D

TIME	CAP	TEAM	REMARKS	W-D

RESULT	W	D
1ST		
2ND		
3RD		
4TH		
OT1		
OT2		
OT3		
TOTAL		

REFEREE 1 (PRINT)

REFEREE 1 (STGNATURE)

REFEREE 2 (PRINT)

REFEREE 2 (STGNATURE)

DATE: TIME: LOCATION: GAME:

TEAM:

CAP	NAME:	ATT	FOULS	GOALS BY PEROD						
				IST	2ND	3RD	4TH	OT1	OT2	OT3
1										
2										
3										
4										
5										
6										
7										
8										
9										
10										
11										
12										
13										
14										
15										
16										
17										
18										

TEAM:

CAP	NAME:	ATT	FOULS	GOALS BY PEROD						
				IST	2ND	3RD	4TH	OT1	OT2	OT3
1										
2										
3										
4										
5										
6										
7										
8										
9										
10										
11										
12										
13										
14										
15										
16										
17										
18										

TIME	CAP	TEAM	REMARKS	W-D

TIME	CAP	TEAM	REMARKS	W-D

TIME	CAP	TEAM	REMARKS	W-D

TIME	CAP	TEAM	REMARKS	W-D

RESULT	W	D
1ST		
2ND		
3RD		
4TH		
OT1		
OT2		
OT3		
TOTAL		

REFEREE 1 (PRINT)

REFEREE 1 (STGNATURE)

REFEREE 2 (PRINT)

REFEREE 2 (STGNATURE)

DATE: TIME: LOCATION: GAME:

TEAM:

CAP	NAME:	ATT	FOULS	GOALS BY PEROD						
				IST	2ND	3RD	4TH	OT1	OT2	OT3
1										
2										
3										
4										
5										
6										
7										
8										
9										
10										
11										
12										
13										
14										
15										
16										
17										
18										

TEAM:

CAP	NAME:	ATT	FOULS	GOALS BY PEROD						
				IST	2ND	3RD	4TH	OT1	OT2	OT3
1										
2										
3										
4										
5										
6										
7										
8										
9										
10										
11										
12										
13										
14										
15										
16										
17										
18										

TIME	CAP	TEAM	REMARKS	W-D

TIME	CAP	TEAM	REMARKS	W-D

TIME	CAP	TEAM	REMARKS	W-D

TIME	CAP	TEAM	REMARKS	W-D

RESULT	W	D
1ST		
2ND		
3RD		
4TH		
OT1		
OT2		
OT3		
TOTAL		

REFEREE 1 (PRINT)

REFEREE 1 (STGNATURE)

REFEREE 2 (PRINT)

REFEREE 2 (STGNATURE)

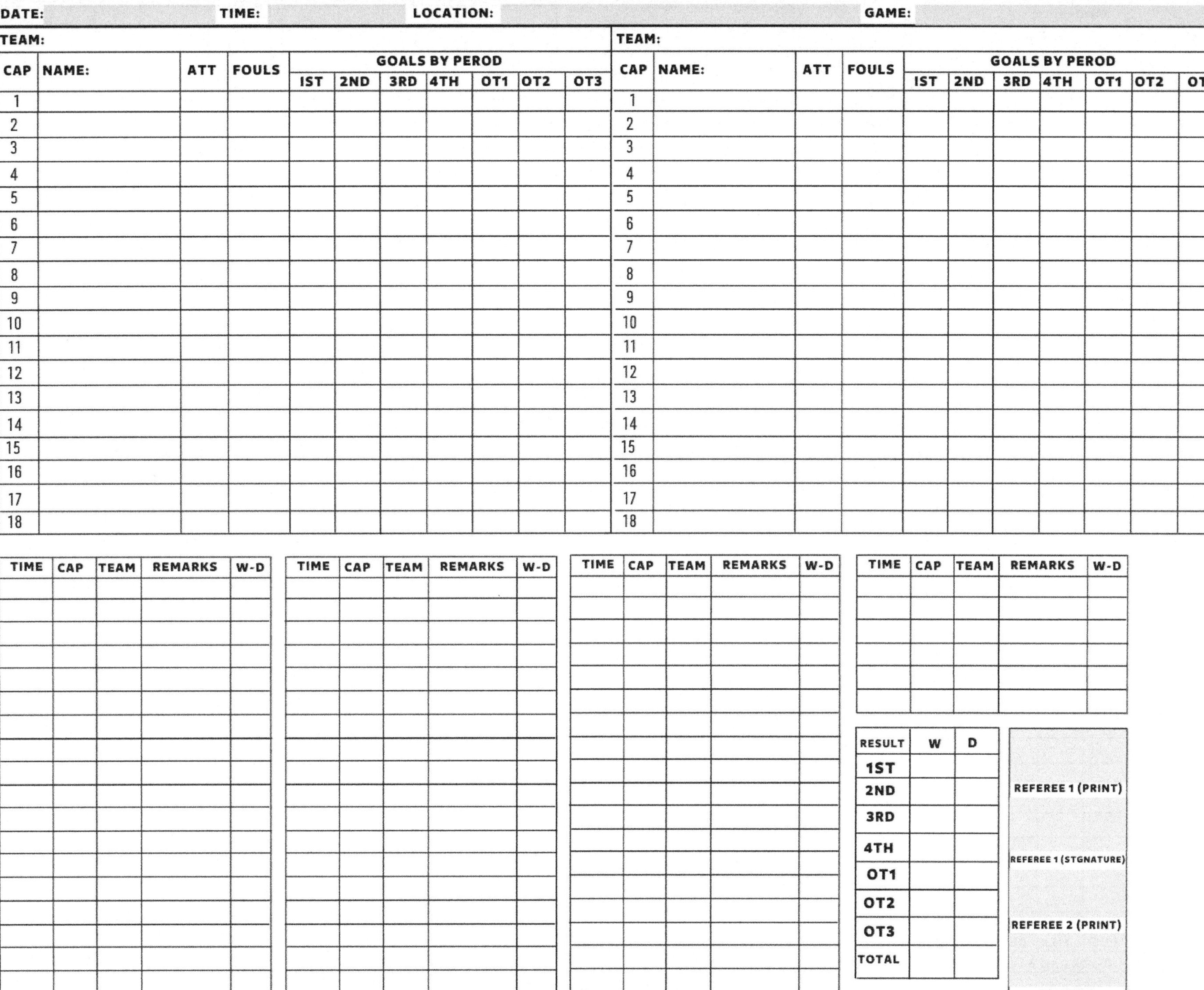

DATE: TIME: LOCATION: GAME:

TEAM:

CAP	NAME:	ATT	FOULS	GOALS BY PEROD						
				IST	2ND	3RD	4TH	OT1	OT2	OT3
1										
2										
3										
4										
5										
6										
7										
8										
9										
10										
11										
12										
13										
14										
15										
16										
17										
18										

TEAM:

CAP	NAME:	ATT	FOULS	GOALS BY PEROD						
				IST	2ND	3RD	4TH	OT1	OT2	OT3
1										
2										
3										
4										
5										
6										
7										
8										
9										
10										
11										
12										
13										
14										
15										
16										
17										
18										

TIME	CAP	TEAM	REMARKS	W-D

TIME	CAP	TEAM	REMARKS	W-D

TIME	CAP	TEAM	REMARKS	W-D

TIME	CAP	TEAM	REMARKS	W-D

RESULT	W	D
1ST		
2ND		
3RD		
4TH		
OT1		
OT2		
OT3		
TOTAL		

REFEREE 1 (PRINT)

REFEREE 1 (STGNATURE)

REFEREE 2 (PRINT)

REFEREE 2 (STGNATURE)

DATE: TIME: LOCATION: GAME:

TEAM:										
CAP	NAME:	ATT	FOULS	GOALS BY PEROD						
				IST	2ND	3RD	4TH	OT1	OT2	OT3
1										
2										
3										
4										
5										
6										
7										
8										
9										
10										
11										
12										
13										
14										
15										
16										
17										
18										

TEAM:										
CAP	NAME:	ATT	FOULS	GOALS BY PEROD						
				IST	2ND	3RD	4TH	OT1	OT2	OT3
1										
2										
3										
4										
5										
6										
7										
8										
9										
10										
11										
12										
13										
14										
15										
16										
17										
18										

TIME	CAP	TEAM	REMARKS	W-D

TIME	CAP	TEAM	REMARKS	W-D

TIME	CAP	TEAM	REMARKS	W-D

TIME	CAP	TEAM	REMARKS	W-D

RESULT	W	D
1ST		
2ND		
3RD		
4TH		
OT1		
OT2		
OT3		
TOTAL		

REFEREE 1 (PRINT)

REFEREE 1 (STGNATURE)

REFEREE 2 (PRINT)

REFEREE 2 (STGNATURE)

DATE: TIME: LOCATION: GAME:

TEAM:										
CAP	NAME:	ATT	FOULS	GOALS BY PEROD						
				IST	2ND	3RD	4TH	OT1	OT2	OT3
1										
2										
3										
4										
5										
6										
7										
8										
9										
10										
11										
12										
13										
14										
15										
16										
17										
18										

TEAM:										
CAP	NAME:	ATT	FOULS	GOALS BY PEROD						
				IST	2ND	3RD	4TH	OT1	OT2	OT3
1										
2										
3										
4										
5										
6										
7										
8										
9										
10										
11										
12										
13										
14										
15										
16										
17										
18										

TIME	CAP	TEAM	REMARKS	W-D

TIME	CAP	TEAM	REMARKS	W-D

TIME	CAP	TEAM	REMARKS	W-D

TIME	CAP	TEAM	REMARKS	W-D

RESULT	W	D
1ST		
2ND		
3RD		
4TH		
OT1		
OT2		
OT3		
TOTAL		

REFEREE 1 (PRINT)

REFEREE 1 (STGNATURE)

REFEREE 2 (PRINT)

REFEREE 2 (STGNATURE)

DATE: TIME: LOCATION: GAME:

TEAM:										
CAP	NAME:	ATT	FOULS	GOALS BY PEROD						
				IST	2ND	3RD	4TH	OT1	OT2	OT3
1										
2										
3										
4										
5										
6										
7										
8										
9										
10										
11										
12										
13										
14										
15										
16										
17										
18										

TEAM:										
CAP	NAME:	ATT	FOULS	GOALS BY PEROD						
				IST	2ND	3RD	4TH	OT1	OT2	OT3
1										
2										
3										
4										
5										
6										
7										
8										
9										
10										
11										
12										
13										
14										
15										
16										
17										
18										

TIME	CAP	TEAM	REMARKS	W-D

TIME	CAP	TEAM	REMARKS	W-D

TIME	CAP	TEAM	REMARKS	W-D

TIME	CAP	TEAM	REMARKS	W-D

RESULT	W	D
1ST		
2ND		
3RD		
4TH		
OT1		
OT2		
OT3		
TOTAL		

REFEREE 1 (PRINT)

REFEREE 1 (STGNATURE)

REFEREE 2 (PRINT)

REFEREE 2 (STGNATURE)

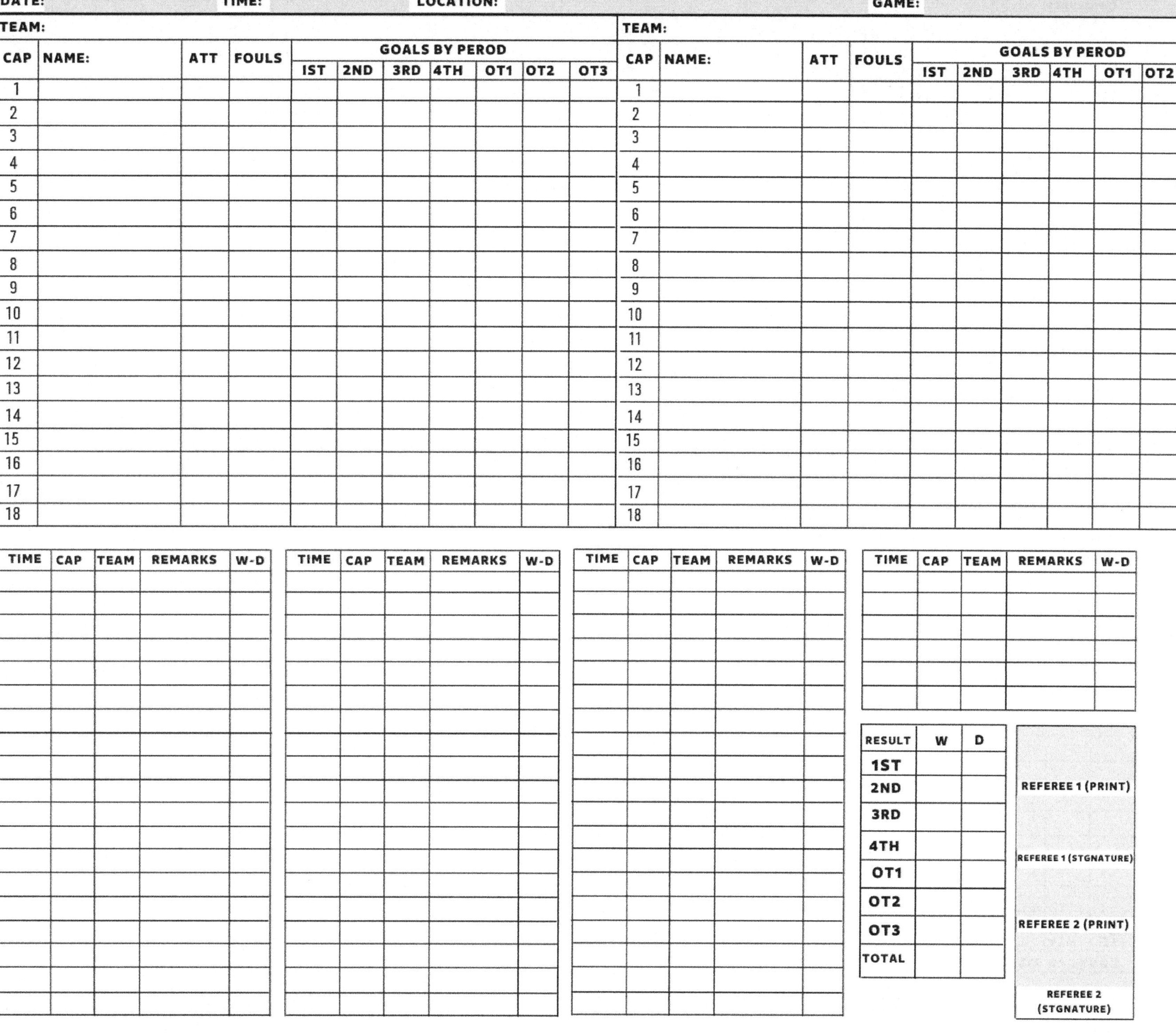

DATE: TIME: LOCATION: GAME:

TEAM:

CAP	NAME:	ATT	FOULS	GOALS BY PEROD						
				IST	2ND	3RD	4TH	OT1	OT2	OT3
1										
2										
3										
4										
5										
6										
7										
8										
9										
10										
11										
12										
13										
14										
15										
16										
17										
18										

TEAM:

CAP	NAME:	ATT	FOULS	GOALS BY PEROD						
				IST	2ND	3RD	4TH	OT1	OT2	OT3
1										
2										
3										
4										
5										
6										
7										
8										
9										
10										
11										
12										
13										
14										
15										
16										
17										
18										

TIME	CAP	TEAM	REMARKS	W-D

TIME	CAP	TEAM	REMARKS	W-D

TIME	CAP	TEAM	REMARKS	W-D

TIME	CAP	TEAM	REMARKS	W-D

RESULT	W	D
1ST		
2ND		
3RD		
4TH		
OT1		
OT2		
OT3		
TOTAL		

REFEREE 1 (PRINT)

REFEREE 1 (STGNATURE)

REFEREE 2 (PRINT)

REFEREE 2 (STGNATURE)

DATE: TIME: LOCATION: GAME:

TEAM:										
CAP	NAME:	ATT	FOULS	GOALS BY PEROD						
				IST	2ND	3RD	4TH	OT1	OT2	OT3
1										
2										
3										
4										
5										
6										
7										
8										
9										
10										
11										
12										
13										
14										
15										
16										
17										
18										

TEAM:										
CAP	NAME:	ATT	FOULS	GOALS BY PEROD						
				IST	2ND	3RD	4TH	OT1	OT2	OT3
1										
2										
3										
4										
5										
6										
7										
8										
9										
10										
11										
12										
13										
14										
15										
16										
17										
18										

TIME	CAP	TEAM	REMARKS	W-D

TIME	CAP	TEAM	REMARKS	W-D

TIME	CAP	TEAM	REMARKS	W-D

TIME	CAP	TEAM	REMARKS	W-D

RESULT	W	D
1ST		
2ND		
3RD		
4TH		
OT1		
OT2		
OT3		
TOTAL		

REFEREE 1 (PRINT)

REFEREE 1 (STGNATURE)

REFEREE 2 (PRINT)

REFEREE 2 (STGNATURE)

DATE: TIME: LOCATION: GAME:

TEAM:										
CAP	NAME:	ATT	FOULS	GOALS BY PEROD						
				IST	2ND	3RD	4TH	OT1	OT2	OT3
1										
2										
3										
4										
5										
6										
7										
8										
9										
10										
11										
12										
13										
14										
15										
16										
17										
18										

TEAM:										
CAP	NAME:	ATT	FOULS	GOALS BY PEROD						
				IST	2ND	3RD	4TH	OT1	OT2	OT3
1										
2										
3										
4										
5										
6										
7										
8										
9										
10										
11										
12										
13										
14										
15										
16										
17										
18										

TIME	CAP	TEAM	REMARKS	W-D

TIME	CAP	TEAM	REMARKS	W-D

TIME	CAP	TEAM	REMARKS	W-D

TIME	CAP	TEAM	REMARKS	W-D

RESULT	W	D
1ST		
2ND		
3RD		
4TH		
OT1		
OT2		
OT3		
TOTAL		

REFEREE 1 (PRINT)

REFEREE 1 (STGNATURE)

REFEREE 2 (PRINT)

REFEREE 2 (STGNATURE)

DATE: TIME: LOCATION: GAME:

TEAM:

CAP	NAME:	ATT	FOULS	GOALS BY PEROD						
				IST	2ND	3RD	4TH	OT1	OT2	OT3
1										
2										
3										
4										
5										
6										
7										
8										
9										
10										
11										
12										
13										
14										
15										
16										
17										
18										

TEAM:

CAP	NAME:	ATT	FOULS	GOALS BY PEROD						
				IST	2ND	3RD	4TH	OT1	OT2	OT3
1										
2										
3										
4										
5										
6										
7										
8										
9										
10										
11										
12										
13										
14										
15										
16										
17										
18										

TIME	CAP	TEAM	REMARKS	W-D

TIME	CAP	TEAM	REMARKS	W-D

TIME	CAP	TEAM	REMARKS	W-D

TIME	CAP	TEAM	REMARKS	W-D

RESULT	W	D
1ST		
2ND		
3RD		
4TH		
OT1		
OT2		
OT3		
TOTAL		

REFEREE 1 (PRINT)

REFEREE 1 (STGNATURE)

REFEREE 2 (PRINT)

REFEREE 2 (STGNATURE)

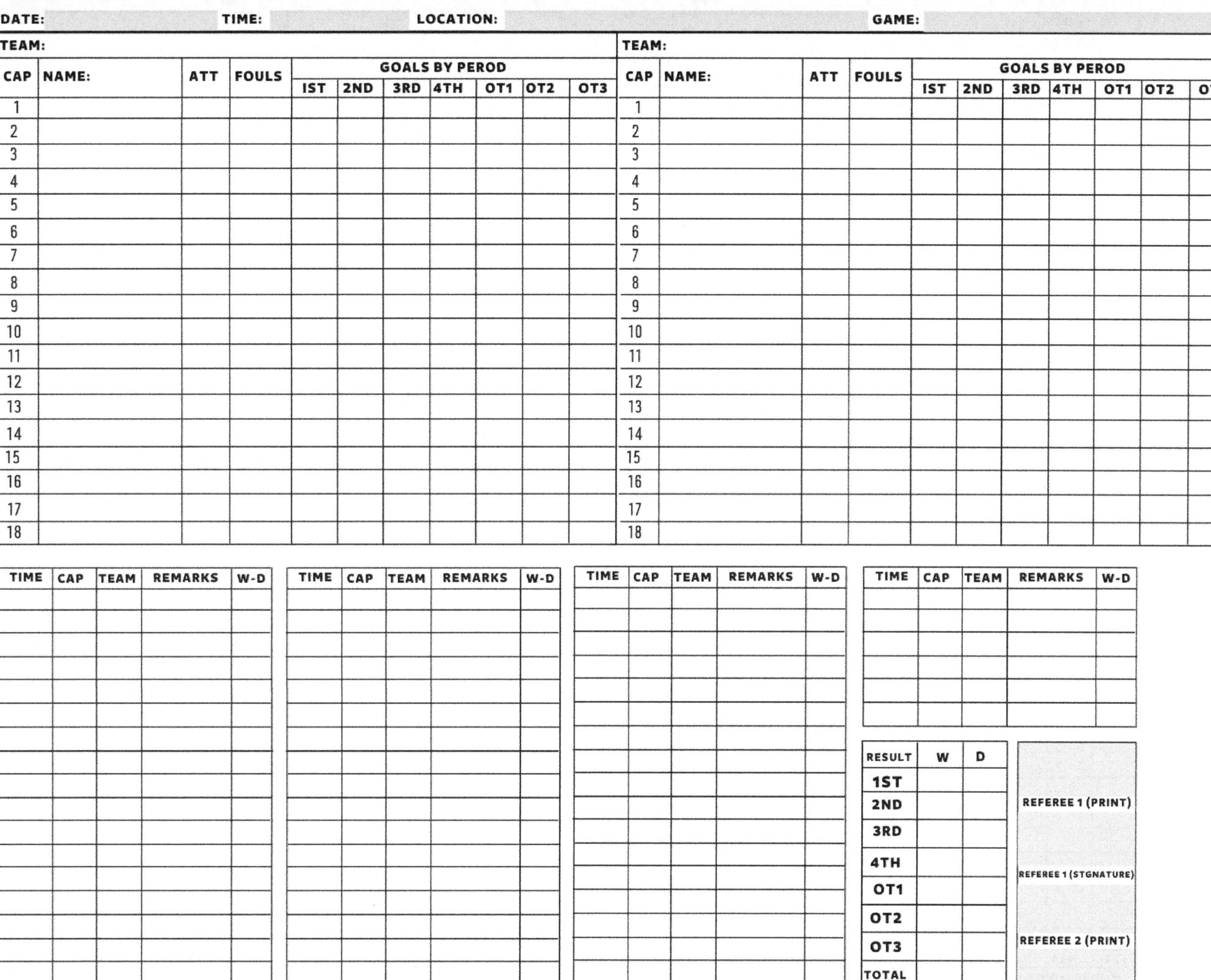

DATE: TIME: LOCATION: GAME:

TEAM:

CAP	NAME:	ATT	FOULS	GOALS BY PEROD						
				IST	2ND	3RD	4TH	OT1	OT2	OT3
1										
2										
3										
4										
5										
6										
7										
8										
9										
10										
11										
12										
13										
14										
15										
16										
17										
18										

TEAM:

CAP	NAME:	ATT	FOULS	GOALS BY PEROD						
				IST	2ND	3RD	4TH	OT1	OT2	OT3
1										
2										
3										
4										
5										
6										
7										
8										
9										
10										
11										
12										
13										
14										
15										
16										
17										
18										

TIME	CAP	TEAM	REMARKS	W-D

TIME	CAP	TEAM	REMARKS	W-D

TIME	CAP	TEAM	REMARKS	W-D

TIME	CAP	TEAM	REMARKS	W-D

RESULT	W	D
1ST		
2ND		
3RD		
4TH		
OT1		
OT2		
OT3		
TOTAL		

REFEREE 1 (PRINT)

REFEREE 1 (STGNATURE)

REFEREE 2 (PRINT)

REFEREE 2 (STGNATURE)

DATE: TIME: LOCATION: GAME:

TEAM:

CAP	NAME:	ATT	FOULS	GOALS BY PEROD						
				IST	2ND	3RD	4TH	OT1	OT2	OT3
1										
2										
3										
4										
5										
6										
7										
8										
9										
10										
11										
12										
13										
14										
15										
16										
17										
18										

TEAM:

CAP	NAME:	ATT	FOULS	GOALS BY PEROD						
				IST	2ND	3RD	4TH	OT1	OT2	OT3
1										
2										
3										
4										
5										
6										
7										
8										
9										
10										
11										
12										
13										
14										
15										
16										
17										
18										

TIME	CAP	TEAM	REMARKS	W-D

TIME	CAP	TEAM	REMARKS	W-D

TIME	CAP	TEAM	REMARKS	W-D

TIME	CAP	TEAM	REMARKS	W-D

RESULT	W	D
1ST		
2ND		
3RD		
4TH		
OT1		
OT2		
OT3		
TOTAL		

REFEREE 1 (PRINT)

REFEREE 1 (STGNATURE)

REFEREE 2 (PRINT)

REFEREE 2 (STGNATURE)

DATE: TIME: LOCATION: GAME:

TEAM:

CAP	NAME:	ATT	FOULS	GOALS BY PEROD						
				IST	2ND	3RD	4TH	OT1	OT2	OT3
1										
2										
3										
4										
5										
6										
7										
8										
9										
10										
11										
12										
13										
14										
15										
16										
17										
18										

TEAM:

CAP	NAME:	ATT	FOULS	GOALS BY PEROD						
				IST	2ND	3RD	4TH	OT1	OT2	OT3
1										
2										
3										
4										
5										
6										
7										
8										
9										
10										
11										
12										
13										
14										
15										
16										
17										
18										

TIME	CAP	TEAM	REMARKS	W-D

TIME	CAP	TEAM	REMARKS	W-D

TIME	CAP	TEAM	REMARKS	W-D

TIME	CAP	TEAM	REMARKS	W-D

RESULT	W	D
1ST		
2ND		
3RD		
4TH		
OT1		
OT2		
OT3		
TOTAL		

REFEREE 1 (PRINT)

REFEREE 1 (STGNATURE)

REFEREE 2 (PRINT)

REFEREE 2 (STGNATURE)

DATE: TIME: LOCATION: GAME:

TEAM:

CAP	NAME:	ATT	FOULS	GOALS BY PEROD						
				IST	2ND	3RD	4TH	OT1	OT2	OT3
1										
2										
3										
4										
5										
6										
7										
8										
9										
10										
11										
12										
13										
14										
15										
16										
17										
18										

TEAM:

CAP	NAME:	ATT	FOULS	GOALS BY PEROD						
				IST	2ND	3RD	4TH	OT1	OT2	OT3
1										
2										
3										
4										
5										
6										
7										
8										
9										
10										
11										
12										
13										
14										
15										
16										
17										
18										

TIME	CAP	TEAM	REMARKS	W-D

TIME	CAP	TEAM	REMARKS	W-D

TIME	CAP	TEAM	REMARKS	W-D

TIME	CAP	TEAM	REMARKS	W-D

RESULT	W	D
1ST		
2ND		
3RD		
4TH		
OT1		
OT2		
OT3		
TOTAL		

REFEREE 1 (PRINT)

REFEREE 1 (STGNATURE)

REFEREE 2 (PRINT)

REFEREE 2 (STGNATURE)

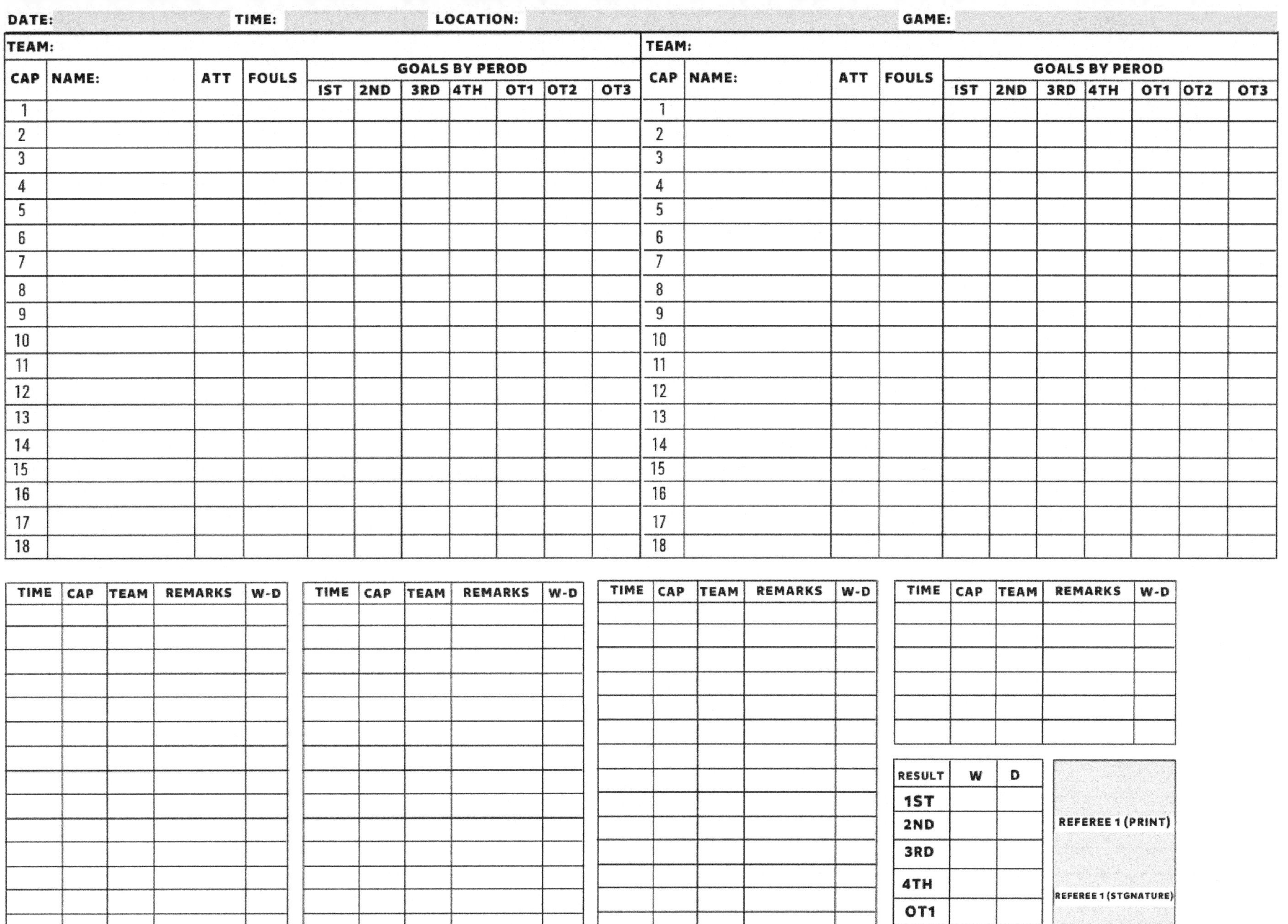

DATE: TIME: LOCATION: GAME:

TEAM:

CAP	NAME:	ATT	FOULS	GOALS BY PEROD						
				IST	2ND	3RD	4TH	OT1	OT2	OT3
1										
2										
3										
4										
5										
6										
7										
8										
9										
10										
11										
12										
13										
14										
15										
16										
17										
18										

TEAM:

CAP	NAME:	ATT	FOULS	GOALS BY PEROD						
				IST	2ND	3RD	4TH	OT1	OT2	OT3
1										
2										
3										
4										
5										
6										
7										
8										
9										
10										
11										
12										
13										
14										
15										
16										
17										
18										

TIME	CAP	TEAM	REMARKS	W-D

TIME	CAP	TEAM	REMARKS	W-D

TIME	CAP	TEAM	REMARKS	W-D

TIME	CAP	TEAM	REMARKS	W-D

RESULT	W	D
1ST		
2ND		
3RD		
4TH		
OT1		
OT2		
OT3		
TOTAL		

REFEREE 1 (PRINT)

REFEREE 1 (STGNATURE)

REFEREE 2 (PRINT)

REFEREE 2 (STGNATURE)

DATE: TIME: LOCATION: GAME:

TEAM:										
CAP	NAME:	ATT	FOULS	GOALS BY PEROD						
				IST	2ND	3RD	4TH	OT1	OT2	OT3
1										
2										
3										
4										
5										
6										
7										
8										
9										
10										
11										
12										
13										
14										
15										
16										
17										
18										

TEAM:										
CAP	NAME:	ATT	FOULS	GOALS BY PEROD						
				IST	2ND	3RD	4TH	OT1	OT2	OT3
1										
2										
3										
4										
5										
6										
7										
8										
9										
10										
11										
12										
13										
14										
15										
16										
17										
18										

TIME	CAP	TEAM	REMARKS	W-D

TIME	CAP	TEAM	REMARKS	W-D

TIME	CAP	TEAM	REMARKS	W-D

TIME	CAP	TEAM	REMARKS	W-D

RESULT	W	D
1ST		
2ND		
3RD		
4TH		
OT1		
OT2		
OT3		
TOTAL		

REFEREE 1 (PRINT)

REFEREE 1 (STGNATURE)

REFEREE 2 (PRINT)

REFEREE 2 (STGNATURE)

DATE: TIME: LOCATION: GAME:

TEAM:

CAP	NAME:	ATT	FOULS	GOALS BY PEROD						
				IST	2ND	3RD	4TH	OT1	OT2	OT3
1										
2										
3										
4										
5										
6										
7										
8										
9										
10										
11										
12										
13										
14										
15										
16										
17										
18										

TEAM:

CAP	NAME:	ATT	FOULS	GOALS BY PEROD						
				IST	2ND	3RD	4TH	OT1	OT2	OT3
1										
2										
3										
4										
5										
6										
7										
8										
9										
10										
11										
12										
13										
14										
15										
16										
17										
18										

TIME	CAP	TEAM	REMARKS	W-D

TIME	CAP	TEAM	REMARKS	W-D

TIME	CAP	TEAM	REMARKS	W-D

TIME	CAP	TEAM	REMARKS	W-D

RESULT	W	D
1ST		
2ND		
3RD		
4TH		
OT1		
OT2		
OT3		
TOTAL		

REFEREE 1 (PRINT)

REFEREE 1 (STGNATURE)

REFEREE 2 (PRINT)

REFEREE 2 (STGNATURE)

DATE: TIME: LOCATION: GAME:

TEAM:										
CAP	NAME:	ATT	FOULS	GOALS BY PEROD						
				IST	2ND	3RD	4TH	OT1	OT2	OT3
1										
2										
3										
4										
5										
6										
7										
8										
9										
10										
11										
12										
13										
14										
15										
16										
17										
18										

TEAM:										
CAP	NAME:	ATT	FOULS	GOALS BY PEROD						
				IST	2ND	3RD	4TH	OT1	OT2	OT3
1										
2										
3										
4										
5										
6										
7										
8										
9										
10										
11										
12										
13										
14										
15										
16										
17										
18										

TIME	CAP	TEAM	REMARKS	W-D

TIME	CAP	TEAM	REMARKS	W-D

TIME	CAP	TEAM	REMARKS	W-D

TIME	CAP	TEAM	REMARKS	W-D

RESULT	W	D
1ST		
2ND		
3RD		
4TH		
OT1		
OT2		
OT3		
TOTAL		

REFEREE 1 (PRINT)

REFEREE 1 (STGNATURE)

REFEREE 2 (PRINT)

REFEREE 2 (STGNATURE)

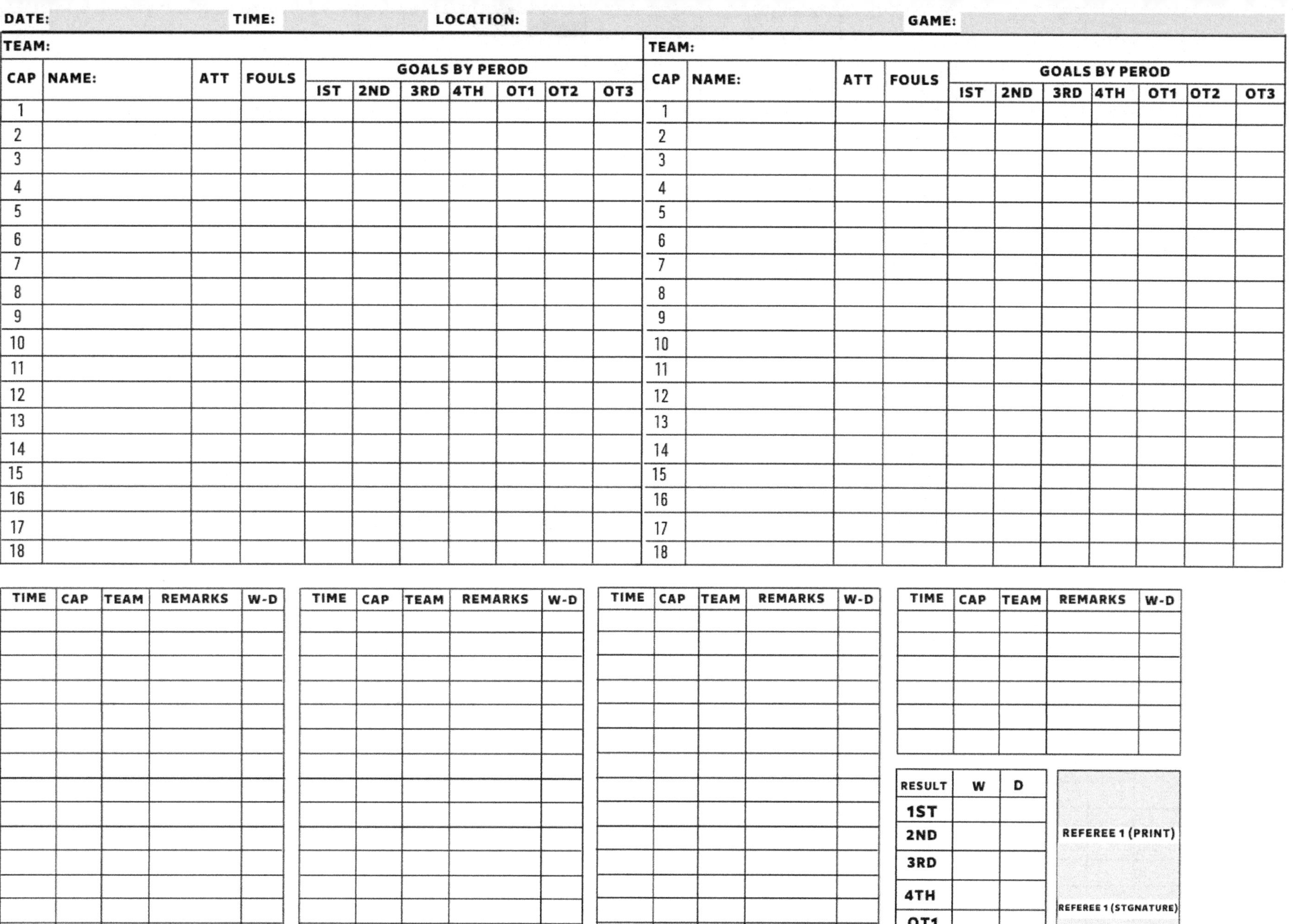

DATE: **TIME:**   **LOCATION:**   **GAME:**

TEAM:

CAP	NAME:	ATT	FOULS	GOALS BY PEROD						
				IST	2ND	3RD	4TH	OT1	OT2	OT3
1										
2										
3										
4										
5										
6										
7										
8										
9										
10										
11										
12										
13										
14										
15										
16										
17										
18										

TEAM:

CAP	NAME:	ATT	FOULS	GOALS BY PEROD						
				IST	2ND	3RD	4TH	OT1	OT2	OT3
1										
2										
3										
4										
5										
6										
7										
8										
9										
10										
11										
12										
13										
14										
15										
16										
17										
18										

TIME	CAP	TEAM	REMARKS	W-D

TIME	CAP	TEAM	REMARKS	W-D

TIME	CAP	TEAM	REMARKS	W-D

TIME	CAP	TEAM	REMARKS	W-D

RESULT	W	D
1ST		
2ND		
3RD		
4TH		
OT1		
OT2		
OT3		
TOTAL		

REFEREE 1 (PRINT)

REFEREE 1 (STGNATURE)

REFEREE 2 (PRINT)

REFEREE 2 (STGNATURE)

DATE: TIME: LOCATION: GAME:

TEAM:										
CAP	NAME:	ATT	FOULS	GOALS BY PEROD						
				IST	2ND	3RD	4TH	OT1	OT2	OT3
1										
2										
3										
4										
5										
6										
7										
8										
9										
10										
11										
12										
13										
14										
15										
16										
17										
18										

TEAM:										
CAP	NAME:	ATT	FOULS	GOALS BY PEROD						
				IST	2ND	3RD	4TH	OT1	OT2	OT3
1										
2										
3										
4										
5										
6										
7										
8										
9										
10										
11										
12										
13										
14										
15										
16										
17										
18										

TIME	CAP	TEAM	REMARKS	W-D

TIME	CAP	TEAM	REMARKS	W-D

TIME	CAP	TEAM	REMARKS	W-D

TIME	CAP	TEAM	REMARKS	W-D

RESULT	W	D
1ST		
2ND		
3RD		
4TH		
OT1		
OT2		
OT3		
TOTAL		

REFEREE 1 (PRINT)

REFEREE 1 (STGNATURE)

REFEREE 2 (PRINT)

REFEREE 2 (STGNATURE)

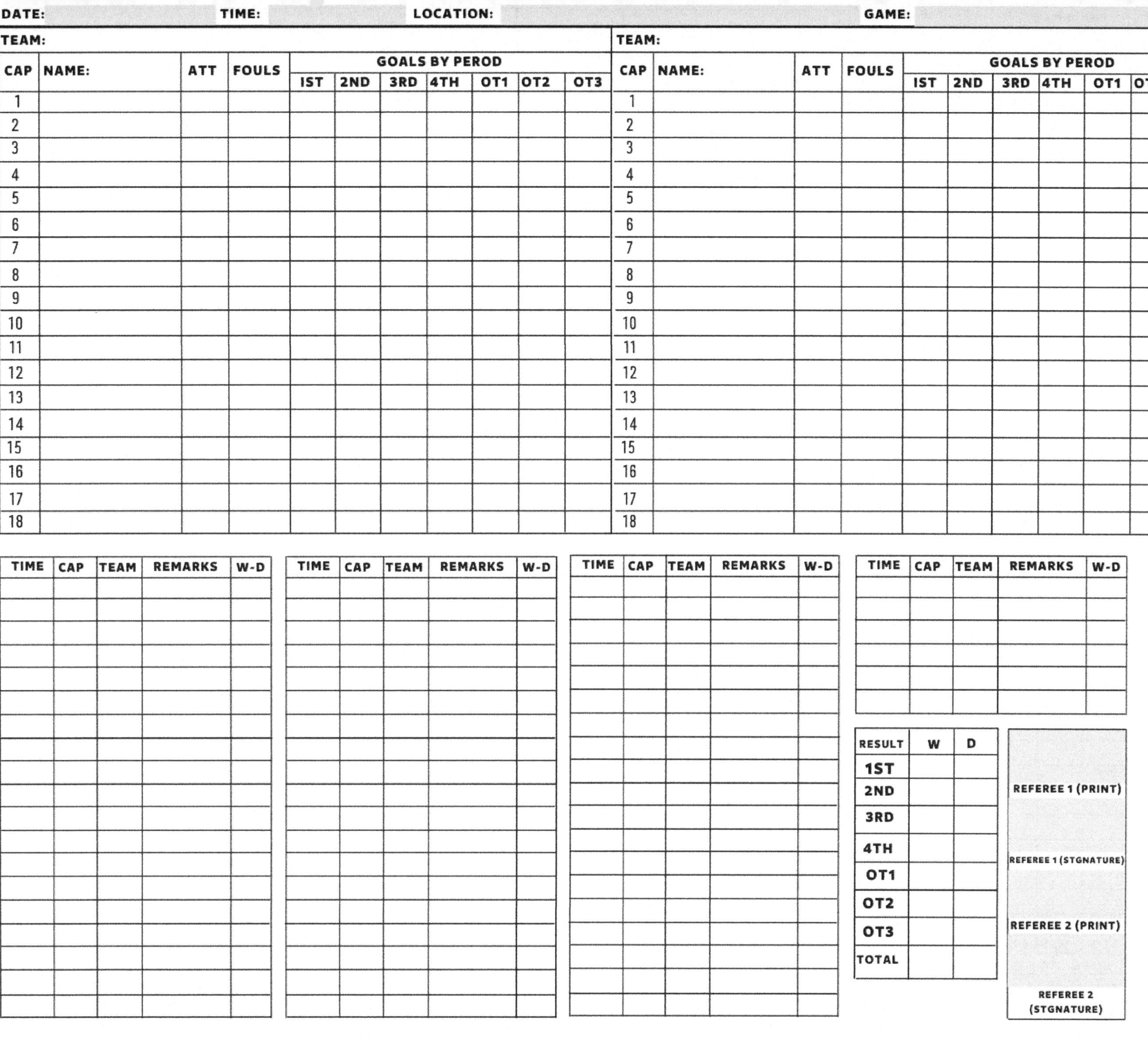

DATE: TIME: LOCATION: GAME:

TEAM:

CAP	NAME:	ATT	FOULS	GOALS BY PEROD						
				IST	2ND	3RD	4TH	OT1	OT2	OT3
1										
2										
3										
4										
5										
6										
7										
8										
9										
10										
11										
12										
13										
14										
15										
16										
17										
18										

TEAM:

CAP	NAME:	ATT	FOULS	GOALS BY PEROD						
				IST	2ND	3RD	4TH	OT1	OT2	OT3
1										
2										
3										
4										
5										
6										
7										
8										
9										
10										
11										
12										
13										
14										
15										
16										
17										
18										

TIME	CAP	TEAM	REMARKS	W-D

TIME	CAP	TEAM	REMARKS	W-D

TIME	CAP	TEAM	REMARKS	W-D

TIME	CAP	TEAM	REMARKS	W-D

RESULT	W	D
1ST		
2ND		
3RD		
4TH		
OT1		
OT2		
OT3		
TOTAL		

REFEREE 1 (PRINT)

REFEREE 1 (STGNATURE)

REFEREE 2 (PRINT)

REFEREE 2 (STGNATURE)

DATE: TIME: LOCATION: GAME:

TEAM:										
CAP	NAME:	ATT	FOULS	GOALS BY PEROD						
				IST	2ND	3RD	4TH	OT1	OT2	OT3
1										
2										
3										
4										
5										
6										
7										
8										
9										
10										
11										
12										
13										
14										
15										
16										
17										
18										

TEAM:										
CAP	NAME:	ATT	FOULS	GOALS BY PEROD						
				IST	2ND	3RD	4TH	OT1	OT2	OT3
1										
2										
3										
4										
5										
6										
7										
8										
9										
10										
11										
12										
13										
14										
15										
16										
17										
18										

TIME	CAP	TEAM	REMARKS	W-D

TIME	CAP	TEAM	REMARKS	W-D

TIME	CAP	TEAM	REMARKS	W-D

TIME	CAP	TEAM	REMARKS	W-D

RESULT	W	D
1ST		
2ND		
3RD		
4TH		
OT1		
OT2		
OT3		
TOTAL		

REFEREE 1 (PRINT)

REFEREE 1 (STGNATURE)

REFEREE 2 (PRINT)

REFEREE 2 (STGNATURE)

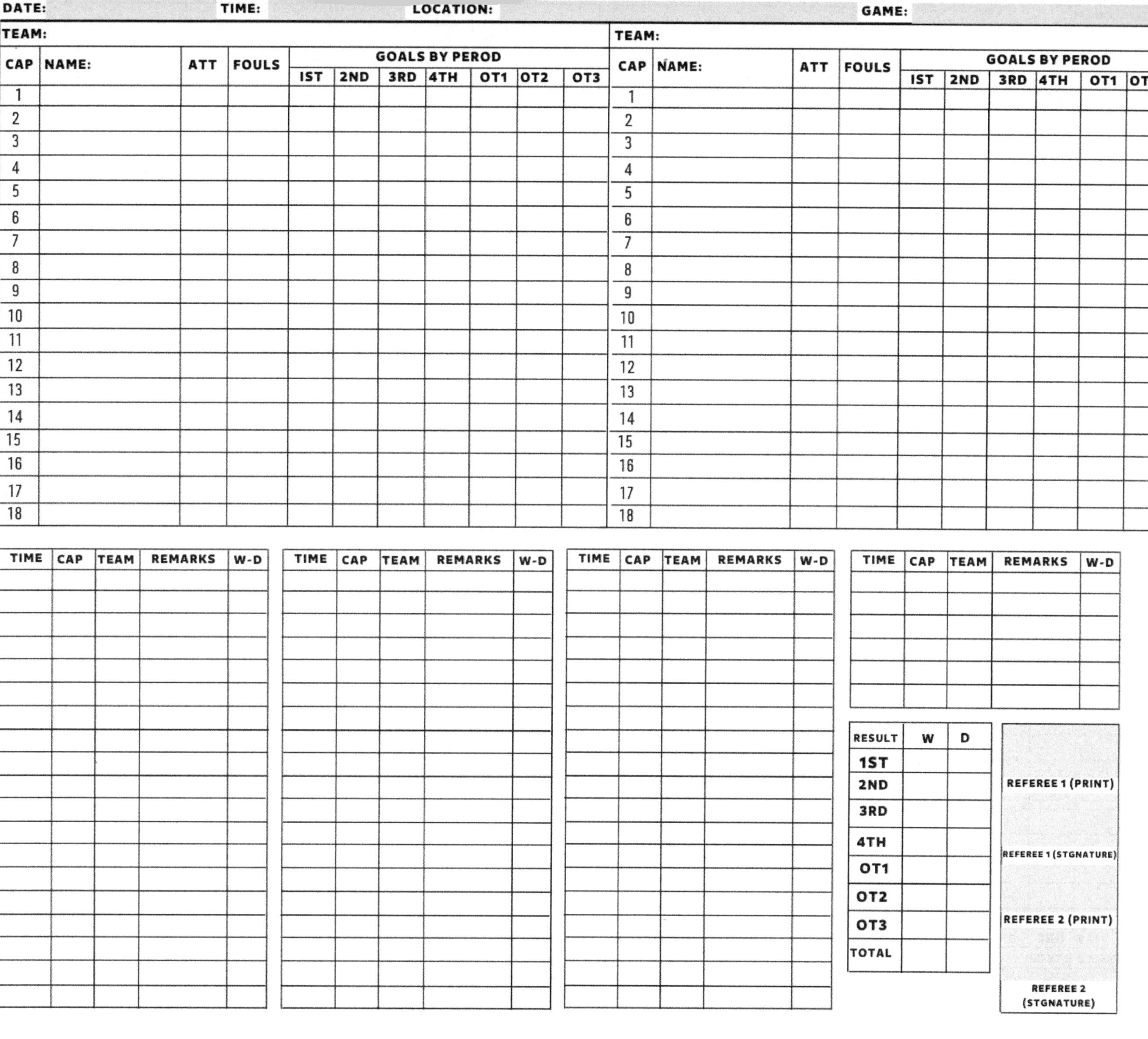

DATE: TIME: LOCATION: GAME:

TEAM:

CAP	NAME:	ATT	FOULS	GOALS BY PEROD						
				IST	2ND	3RD	4TH	OT1	OT2	OT3
1										
2										
3										
4										
5										
6										
7										
8										
9										
10										
11										
12										
13										
14										
15										
16										
17										
18										

TEAM:

CAP	NAME:	ATT	FOULS	GOALS BY PEROD						
				IST	2ND	3RD	4TH	OT1	OT2	OT3
1										
2										
3										
4										
5										
6										
7										
8										
9										
10										
11										
12										
13										
14										
15										
16										
17										
18										

TIME	CAP	TEAM	REMARKS	W-D

TIME	CAP	TEAM	REMARKS	W-D

TIME	CAP	TEAM	REMARKS	W-D

TIME	CAP	TEAM	REMARKS	W-D

RESULT	W	D
1ST		
2ND		
3RD		
4TH		
OT1		
OT2		
OT3		
TOTAL		

REFEREE 1 (PRINT)

REFEREE 1 (STGNATURE)

REFEREE 2 (PRINT)

REFEREE 2 (STGNATURE)

DATE: TIME: LOCATION: GAME:

TEAM:

CAP	NAME:	ATT	FOULS	GOALS BY PEROD						
				IST	2ND	3RD	4TH	OT1	OT2	OT3
1										
2										
3										
4										
5										
6										
7										
8										
9										
10										
11										
12										
13										
14										
15										
16										
17										
18										

TEAM:

CAP	NAME:	ATT	FOULS	GOALS BY PEROD						
				IST	2ND	3RD	4TH	OT1	OT2	OT3
1										
2										
3										
4										
5										
6										
7										
8										
9										
10										
11										
12										
13										
14										
15										
16										
17										
18										

TIME	CAP	TEAM	REMARKS	W-D

TIME	CAP	TEAM	REMARKS	W-D

TIME	CAP	TEAM	REMARKS	W-D

TIME	CAP	TEAM	REMARKS	W-D

RESULT	W	D
1ST		
2ND		
3RD		
4TH		
OT1		
OT2		
OT3		
TOTAL		

REFEREE 1 (PRINT)

REFEREE 1 (STGNATURE)

REFEREE 2 (PRINT)

REFEREE 2 (STGNATURE)

Made in the USA
Monee, IL
31 March 2022